SHODENSHA
SHINSHO

で読む日本の近現代史

藤岡信勝
自由主義史観研究会

祥伝社新書

まえがき

ペリーが日本にやってきた一つの目的は、アメリカの捕鯨船に薪水《しんすい》を補給する寄港地を確保することだった。このことを知っている人は多いだろう。

しかし、ペリーはその目的を実現したのだろうか。その前に、そもそも日米和親条約には、ペリーの要求がどのように書き込まれたのか。この問いに答えられる人は滅多にいない。

これはほんの一例に過ぎない。近現代史は自国の歴史が国際関係の中で展開されるところに特徴がある。外国との関係を具体的に知る結節点になるのが、外国と締結する条約である。

ところが、その条約を実際に読む機会は非常に少ない。実際に自分で読んで確かめないと、それは他人から結論を教えられただけの、受け売りの耳学問にとどまる。

このような思いをもっていた私たちは、適当な参考書を探したあげく、それはどこにもないことを発見した。なるほど条約集や学習用の資料集はある。しかし、それらはあまりに専門的であったり、とっつきにくい古文書のようであったり、反対に著者の結論に合うところだけを切り取った、簡単すぎる資料だったりした。

そこで、私たちは、自前で本当に役立つ解説書を書こうと企《くわだ》てたのである。『条約で読む日本の近現代史』と題された本書は、次のような特色をもっている。

第一に、まず、何よりも条約の本文が現代仮名遣いの表記で読めることだ。全文を掲載するのが技術的に難しい場合でも、条約の全体像がわかるような工夫がなされている。

第二に、条約の本文にわかりやすい解説が施《ほどこ》されていることだ。条約には独特の用語や言い回しが多く、解説がないと煙《けむ》に巻かれているような感覚になることがあるからだ。

第三に、その条約はなぜ締結されたのか、どのような歴史的役割を果たしたのかを明らかにした。それによって本書は、条約を核に書かれた、興味深い歴史読み物となっている。

取り上げた二三本の条約や宣言、声明は、中学校の教科書に登場するものを網羅している。条約を切り口にしたやさしい近現代史として楽しんでいただければありがたい。歴史を教える先生や、歴史を学ぶ児童・生徒・学生の皆さんの座右の参考書としても役立つだろう。

本書は、教室からの歴史教育の改善を目指す「自由主義史観研究会」のメンバーによって書かれた。関係者の皆様のご尽力に深くお礼を申し上げたい。

平成二十六年七月吉日

自由主義史観研究会代表　藤岡《ふじおか》　信勝《のぶかつ》

目次

1 日米和親条約……（藤岡信勝）11
一八五四年三月三十一日（安政元年三月三日）

2 日米修好通商条約……（山﨑智子）24
一八五八年七月二十九日（安政五年六月十九日）

3 日清修好条規……（上原 卓）37
一八七一年九月十三日（明治四年七月二十九日）

4 千島樺太交換条約……（松浦明博）49
一八七五（明治八）年五月七日

5 日朝修好条規……（上原 卓・荻原貞夫）62
一八七六（明治九）年二月二十七日

目次

6 日英通商航海条約（「不平等条約」改正）……（山﨑智子）76
一八九四（明治二十七）年七月十六日
一九一一（明治四十四）年四月三日

7 日清講和条約（下関条約）……（松浦明博）88
一八九五（明治二十八）年四月十七日

8 第一回日英同盟協約（日英同盟）……（家村和幸）100
一九〇二（明治三十五）年一月三十日

9 日露講和条約（ポーツマス条約）……（吉永　潤）112
一九〇五（明治三十八）年九月五日

10 日中新条約（「二十一カ条の要求」に基づく）……（田中秀雄）124
一九一五（大正四）年五月二十五日

11 ヴェルサイユ条約……（田中秀雄）138
一九一九（大正八）年六月二十八日

12　ワシントン条約（海軍軍備制限条約と四《し》カ国条約）……（安藤　豊）151
一九二一（大正十）年十二月十三日

13　支那に関する九カ国条約（ワシントン条約その2）……（安藤　豊）164
一九二一（大正十）年十二月十三日

14　ロンドン海軍軍縮条約……（安藤　豊）176
一九三〇（昭和五）年一月二十一日

15　日独伊三国軍事同盟……（竹内孝彦）188
一九四〇（昭和十五）年九月二十七日

16　日ソ中立条約……（藤岡信勝）200
一九四一（昭和十六）年四月十三日

17　ポツダム宣言……（家村和幸）214
一九四五（昭和二十）年七月二十六日

18 サンフランシスコ講和条約 …………（山﨑智子） 228
一九五一（昭和二十六）年九月八日

19 日米安全保障条約（旧安保条約）…………（髙橋智之） 240
一九五一（昭和二十六）年九月八日

20 日ソ共同宣言 …………（松浦明博） 253
一九五六（昭和三十一）年十月十九日

21 日米安全保障条約（新安保条約）…………（髙橋智之） 267
一九六〇（昭和三十五）年一月十九日

22 日韓基本条約 …………（山﨑ちあき） 279
一九六五（昭和四十）年六月二十二日

23 日中共同声明 …………（藤岡信勝） 292
一九七二（昭和四十七）年九月二十九日

参考文献一覧 305

おことわり

・本書は自由主義史観研究会（代表・藤岡信勝）の会員の共同執筆によるものです。執筆者名は、目次および各章本文の末尾に記しました。

・各章タイトルの条約名は、正式名称ではなく通称です。

・各章の条約名の次の日付は、条約が締結された（宣言が出された）年月日です。

・本書で取り上げた条約の原文は、外務省ＨＰ「外交文書デジタルアーカイブス」、または鹿島研究所出版会『日本外交史』に拠りました。その際、原則として、旧漢字は当用漢字に、片仮名は平仮名に、歴史的仮名遣いは現代仮名遣いにあらためました。

（祥伝社新書編集部）

1　日米和親条約

一八五四年三月三十一日（安政元年三月三日）

1　イントロダクション

今から一六〇年前の一八五四（安政元）年に、日本とアメリカ合衆国の間で結ばれた条約。日本が諸外国と結んだ最初の条約であり、これによって日本はヨーロッパに起源をもつ近代国際法秩序に組み入れられることになった。この条約の締結は日米関係史の幕を開くものであったと同時に、日本の近代史の出発点をなす出来事でもあった。

一八五三年七月八日（嘉永六年六月三日）、アメリカの海軍提督マシュー・C・ペリー率いる四隻の「黒船」が、江戸湾の入り口の浦賀《うらが》にやってきた。ペリーは武力で威嚇《いかく》しながら、大統領の国書を渡すことに成功し、翌年の再来を告げていったん引き揚げた。

一八五四年、予告通り再び来日したペリーと幕府との間で交渉が行なわれ、同年三月三十一日、条約が調印された。翌一八五五年二月二十一日（安政二年正月五日）、下田《しもだ》にアダムズが来て、アメリカ上院が批准し、フィルモア大統領と国務長官が署名した英語版の批准書を持参した。これと、将軍の命によって老中が連署した日本語版が交換され、批准が完了した。

条約の全文は一二条から成り、これによって日本は下田と箱館《はこだて》（函館）の二つの港を開き、アメリカの船に石炭、食料、水を補給し、下田にアメリカ領事館を置くこととなった。

この条約による「和親」は、砲艦外交と呼ばれる武力による威嚇の結果であった。その後、日本は、欧米の植民地化への危機感から明治維新の大変革を成し遂げることとなった。

2 条約調印への道

●アメリカによる北太平洋の捕鯨業は、なぜ発達したのか

ペリーはなぜ、日本にやって来たのだろうか。ペリーには二つの目的があった。一つは、日本近海で操業するアメリカの捕鯨船を日本に保護してもらうことだった。

アメリカの捕鯨業は、もとは北大西洋で展開されていたが、十九世紀の中頃には資源が枯渇し、鯨が多数生息する北太平洋に漁場を求めるようになった。北太平洋におけるアメリカの捕鯨業がピークに達したのは一八四五年で、一万人以上がこの事業に従事していた。アメリカの捕鯨船は、船体をタールで黒く塗っていたので、日本の漁民の間では「黒船」と呼ばれていた。一八五〇年頃には、松前《まつまえ》を通過した黒船の数は一年間に八六隻を数えた。これらアメリカの捕鯨船は、遭難した際の救助を求め、また薪水《しんすい》・食料の欠乏を補うため、日本の港を利用することを切実に求めていた。しかし、「鎖国」政策下にあった日本は、港を開こうとはしなかった（鹿島守之助《かじまもりのすけ》『日本外交史　第1巻　幕末外交』）。

今では環境団体の影響もあって、日本の捕鯨業を否定することに傾いているアメリカが、この時代には多数の鯨を捕っていた。なぜだろうか。もともとアメリカ人には鯨肉を食する習慣がない。船団を仕立て多数の鯨を捕獲しても、その肉は全て海に捨ててしまった。目的は、鯨の脂肪だった。特にマッコウクジラは良質の脂肪を大量に採取するのに適していた。捕鯨船の船底には脂肪を入れた数百の樽が置かれており、一年あまりの操業を終えると本国に帰っていった。では、その脂肪は何に使われたのか。

産業革命後、アメリカでも機械化された綿工業が発達した。投下した資本の回収効率を高めるため、機械の二四時間フル操業が行なわれるようになった。そのため夜間照明用の灯油の需要が増大した。灯油として使われていたのは哺乳動物の脂肪だったが、臭いが少ない良質の鯨油が好まれるようになり、その需要を満たすためアメリカの捕鯨業が発達したのである。したがって、一八五九年にペンシルベニア州で世界最初の油井《ゆせい》が掘り当てられ、石油産業が興《おこ》り、さらに良質の灯油として使われるようになると、捕鯨業は一気に衰退した。ペリー来航の時点で彼の背中を押していたのは捕鯨産業であり、さらにその背後にはアメリカ産業資本の存在があったのである（芝原拓自《しばはらたくじ》『日本の歴史 第23巻 開国』）。

●中国市場をめぐる英米の角逐と日本開国の意味

ペリー来航のもう一つの目的は、中国貿易においてアメリカがイギリスとの競争に優位となる太平洋航路を開拓するため、日本に寄港地を設けることであった。

建国当時、東部に中心のあったアメリカは、次第に西に向けて開拓を進め、ついには一八四八年、カリフォルニアをメキシコとの戦争で奪い取って、領土は太平洋岸に達した。これをアメリカの「西漸運動《せいぜんうんどう》」という。同年、カリフォルニアで豊富な金鉱が発見されると、アメリカ中がゴールドラッシュに沸《わ》いた。一八四九年には八万人がカリフォルニアに向かった。北アメリカ大陸の東西を結ぶパナマ運河はまだなかったが、一八五二年にはパナマ地峡を横断する鉄道が完成し、人々の目を太平洋側に向けさせた。

アメリカの産業界の指導者が太平洋のその先に視線を注《そそ》いでいたのは中国だった。アヘン戦争後、イギリスのあとを追ってアメリカも一八四四年、米清修好条約を締結し、中国市場に参入していた。アメリカにとって中国は綿製品輸出の市場であり、競争相手はイギリスだった。イギリスは原料をアメリカの南部に頼るという弱点があったが、アメリカにとって不利なのは輸送問題であった。当時はアメリカの東海岸を出発し、大西洋を横切り、アフリカ南端の喜望峰を回って、インド洋経由で中国に達するのがルートで、大西洋を横断する分だけ、イギリスよりも不利な条件を強《し》いられていた。

もし、太平洋を横断する航路が開拓されれば、ニューヨークからサンフランシスコへ三週間、サンフランシスコから太平洋を経て上海《シャンハイ》まで五週間で、イギリスの所要時間と変わらなくなる。こうして、イギリスに十分太刀《たち》打ちできる条件が生まれるのだ。ただ、太平洋航路開拓のネックは、蒸気船の燃料である石炭の確保だった。当時の蒸気船は最大でも一週間分の積載が限度であり、途中で石炭を補充しなければ中国に到達することはできない。こうして、石炭供給基地としての日本の役割が期待されたのである。

●ペリーに「砲艦外交」を決意させた事情

日本に開国を迫る「対日戦争計画書」を作成した人物は、ニューヨークに法律事務所を構え、ロビー活動を生業としていたアーロン・パーマーだった。アメリカは世論の国だから、国をあげて事をなすには、正義が失われたなどという刺激的な動機が必要だった。パーマーは、世界中の新聞からアメリカの捕鯨船の遭難者が日本で虐待されたという記事をかき集め、各界に焚《た》きつけて回った。

パーマーの計画を実現するために最適の人物として選ばれたのは、米国海軍の再建者ともいえるペリーだった。ペリーは日本遠征の任務を与えられると、手に入る限りの資料を集め、徹底した日本研究を行なった。ペリーは八幡《はちまん》様が、戦いの神として崇《あが》められる応神《おうじん》天皇であり、その母が神功《じんぐう》皇后で三韓征伐をしたことまで知っていた。日本には天皇と将軍という二人の皇帝がいることや、両者の政治的関係なども知っていた。日本の国民性についても、一通りの理解を持っていた（渡辺惣樹《わたなべそうき》『日本開国』）。

ペリーは日本研究の結論として、日本人を相手にするときには、頼み込んだり、要求を通してくれとお願いするのではなく、堂々と振る舞い、相手に尊敬の念を抱かせ、時には武力をちらつかせて強い態度に出なければならない、と考えた。来日したペリーは、まさにその通りに振る舞うことで、日本に開国を認めさせることに成功したのである。

3　条文と解説

この条約は、日本語、漢文、英語、蘭語の四つの言語で条文が作成された。締結された時点では正式名称はなく、日本語版の表題は「約条」、漢文版では「条約」とのみ記されているが、英語版には表題がない。通称としては、アメリカでは調印の場所にちなんで「神奈川《かながわ》条約」と呼ばれた。日本では明治年間には「ペリー条約」、「メリケン国修好条約」などと呼ばれた。大正年間に「日本国アメリカ合衆国和親条約」と命名され、それ以後「日米和親条約」という呼び名が定着した。条文には日本語の原文（現代仮名遣いに改め）を掲げ、難解なもののみ、解説で現代語訳を付す。

第一条　日本と合衆国とは其《その》人民永世不朽の和親を取結び場所人柄の差別無之事《これなきこと》。

【解説】日米両国の友好の宣言である。末尾三文字は「これなきこと」と読む。

第二条　伊豆《いず》下田松前地箱館の両港は、日本政府に於《おい》て亜墨利加《アメリカ》船薪水食料石炭欠乏の品を日本人にて調《ととのえ》候《そうろう》丈は給《きゅう》し候為《た》め、渡来の儀差免《さしめん》じ候。尤《もっとも》下田港は約条書面調印の上即時相開き、箱館は来年三月より相始《あいはじめ》候事。給すべき品物直段書の儀は日本役人より相渡《あいわたし》可申《もうすべし》、右代料は金銀銭を以て可相弁候事《あいべんじそうろうべきこと》。

【解説】（大意は以下のとおり）下田・箱館での食料・薪水等の供給を承諾する。下田港は調印次第開港し、箱館は翌年の三月開港とする。支給する品物の値段は日本の役人が伝え、金銀貨で支払うこと。

第三条　合衆国の船日本海浜漂着の時扶助《ふじょ》致し、其漂民を下田又は箱館に護送致し本国の者《もの》受取可申。所持の品物も同様に可致《いたすべく》候。もっとも漂民諸雑費は両国互《たがい》に同様の事故《ことゆえ》不及償候事。

【解説】両国の漂着者の救助の費用は互いに支払わなくてよいものとする。

第四条　漂着或《あるい》は渡来の人民取扱の儀は、他国同様緩優《えんゆう》に有之閉籠《とじこめ》候《そうろう》儀《ぎ》致《いたす》間敷《まじく》、乍併《しかしながら》正直の法度《はっと》には伏従致し候事。

第五条　合衆国の漂民其他の者共《ものども》、当分下田箱館逗留中、長崎に於て唐和蘭《オランダ》人同様、閉籠窮屈の取扱無之《これなく》、下田港内の小島周り凡《およそ》七里の内は勝手に徘徊いたし、箱館港の儀は追て取極《とりきめ》候事。

【解説】（第四条）漂着・渡来した人は他国同様に丁重に扱い、監禁してはならない。法律には従うこと。（第五条）下田・箱館に逗留中は長崎の唐人、オランダ人同様、監禁など窮屈な扱いをせず、下田では七里の範囲で自由に動き回ってよい。箱館は追って定める。

第六条　必用の品物其外可相叶《あいかのうべき》事は、双方談判の上取極候事。

第七条　合衆国の船、右両港に渡来の時金銀銭並《ならびに》品物を以て入用の品相調候を差免じ候。尤《もっとも》日本政府の規定に相従《あいしたがう》可《べく》申且《かつ》合衆国の船より差出《さしだし》候品物を日本人不好《このまず》して差返《さしかえし》候時は受取可申事。

第八条　薪水食料石炭並《ならびに》欠乏の品求《もとむ》る時には、其《その》地の役人にて取扱すべく私《わたくし》に取引《とりひき》すべからざる事。

【解説】この三条は、日本側が提供する物資の特定と代価の支払い方法の規定である。（第六条）必要な品は双方で相談して決める。（第七条）金銀や品物で決済することを認め、日本人が気に入らない品物は持ち帰ることができるものとする。（第八条）薪水・食料・石炭と欠乏の品を求めるときには、その地の役人が取り扱い、私的な交易をしてはならない。

第九条　日本政府外国人へ当節亜墨利加人へ不差許候廉《かど》相免じ候節は、亜墨利加人へも同様差許可申右に付談判猶予《ゆうよ》不致候事。

【解説】他国に認めたことはアメリカにも即座に認めるという、アメリカへの片務《へんむ》的最恵国待遇条項である。

第十条　合衆国の船、若《も》し難風に逢《あわ》ざる時は下田箱館両港の外猥《みだり》に渡来不致候事。

【解説】暴風に遭っていないアメリカ船は下田・箱館以外の港にみだりに立ち寄ってはならない、と書いてあるが、裏返して緊急避難を認める条項である。

第十一条　両国政府に於て無據儀《よぎなき》有之候時は、模様に寄り合衆国官吏の者下田に差置《さしおき》候儀も可有之尤約定調印より十八箇月後に無之候ては不及其儀《そのぎにおよばず》候事。（この条文の

説明は後述）

第十二条　今般の約定相定候上は両国の者堅く相守可申《あいまもりもうすべし》。尤《もつとも》合衆国主に於て長公会大臣と評議一定の後、書を日本大君に致し此事今より後十八箇月を過ぎずして君主許容の約定取替《とりかわ》し候事。

【解説】条約の批准の手続きを定めている。

4　条約は、その後の歴史をどう変えたか

●「もはや太平洋に邪魔者はいない」

ペリー来航から九二年後の一九四五（昭和二十）年、日本はアメリカとの戦争に敗れ、九月二日、東京湾に停泊する米軍艦ミズーリ号の甲板で、降伏文書の調印式に臨んだ。

このときミズーリ号の艦上には、ペリー来航時に艦隊が所持していた、当時の星条旗が掲げられていた。アナポリスの米海軍の本部にあったぼろぼろの旗を、わざわざ持ってきたのである。

この行動の意味を説き明かしてくれるのは、「ニューヨーク・タイムズ」の次の記事であるかもしれない。八月十四日付けの同紙は、次のように書いていたのである。

「我々は初めてペリー以来の願望を達した。もはや太平洋に邪魔者はいない。これで中国大陸のマーケットは我々のものになるのだ」

他方、日本にとって日米和親条約は、日本の武士たちの愛国心を目覚めさせ、明治維新の変革を成し遂げる原体験となったことはいうまでもない。

5　条約をめぐるエピソード

●江戸幕府無能説の誤り

「泰平の眠りを覚ます蒸気船たった四はいで夜も寝られず」

蒸気船とお茶の上喜撰《じようきせん》をかけた有名な狂歌である。歴史教科書の教材の定番でもあった。この狂歌が語っていることは、日本は何の前触れもなしに現われた黒船に驚愕《きようがく》し、夜も眠られないほど周章狼狽《しゆうしようろうばい》したというもので、日本は未開の遅れた国で、幕府は無能の限りだった、という時代認識を示している。事実はどうであったか。

第十一条の日本文は難解である。対応する英語版には、次のように書かれている。「この条約調印後一八カ月のちに、合衆国は領事または代理人を任命し下田に住まわせるものとする」とあり、「もし両国政府のどちらか（either）がそれを必要とみなすならば」という条件が書かれている。これによればアメリカが必要とみなすだけで領事を置けることになる。ところが、日本語の条約文には「両国政府に於て」と書かれている。両国が同意しなければならない。

これは誤訳の結果だろうというのが従来の解釈だった。これに対し、新たな解釈が提出されている。ペリーにとって日本の開国は絶対に達成しなければならない使命だった。同じように日本側の責任者である老中の阿部正弘《あべまさひろ》にとっては、国内秩序の維持が絶対条件だった。そこで、全てを承知の上で、両者の折り合いを付けたのだろうというのだ。「一八カ月」はペリーが、阿部に国内世論の統一の時間として猶予したものだろうともいう（渡辺惣樹『日本開国』）。交渉経過を見ても分かることだが、江戸幕府は決して無能ではなかったのだ。

（藤岡信勝）

2　日米修好通商条約

一八五八年七月二十九日（安政五年六月十九日）

1　イントロダクション

アメリカは「日米和親条約」により、我が国を開国させた。そして次の段階の「通商条約」を結ぶべく、機会を窺《うかが》っていた。和親条約以降、アメリカの商人が通商の目的をもって度々《たびたび》来航した。これを下田《しもだ》奉行は、「条約中に通商を許可する規定はない」と追い返していた。これに対して、アメリカ国内でペリーの条約不備を指摘する声が起こった。

駐日総領事として赴任したタウンゼント・ハリスの第一の使命は、通商条約を結び、ペリーが築いた日米関係を発展させることだった。各国も競って機会を狙《ねら》っている中で、これに遅れをとることは許されない。彼はイギリスの「侵略性」を強調することにより、アメリカの「友好性」を印象づける作戦に出た。そしてこの「友好政策」は成功し、アメリカは最初の通商条約締結国となった。

一八五八年七月二十九日（安政五年六月十九日）、神奈川沖に停泊するポーハタン号上にて、ハリスと日本側全権の井上清直《いのうえきよなお》、岩瀬忠震《いわせただなり》の間で、「日米修好通商条約」は調印された。そしてこの年の内に、日本はこの条約を基調としたほぼ同内容の条約を、オランダ、ロシア、イギリス、フランスの四カ国と相次いで締結した。

しかし、これらの条約は、不平等条約といわれることとなった。

2　条約調印への道

●通商条約締結交渉の引き延ばしをはかる幕府

一八五六年八月（安政三年七月）、総領事として赴任したハリスは、大統領のピアースから「日本皇帝（将軍）」へ宛てた親書を託《たく》され、将軍に手交《しゅこう》するように命じられていた。下田に居《きょ》を構えた彼は、任務を遂行すべく再三江戸への出府《しゅっぷ》を申し出るが、幕府はこれを拒否しつづけた。幕府首脳部の意見が一致せず、水戸《みと》藩主である徳川斉昭《とくがわなりあき》も猛反対していたためである。

折から同年十月、広東《カントン》で「アロー号事件」が起こり、それをきっかけに第二次アヘン戦争が勃発すると、清《しん》国はさらに英仏の侵略を許すこととなった。幕府は、オランダ領事からの勧告もあり、ハリスの出府を許す決意をした。

一八五七（安政四）年十月二十一日、ハリスは江戸城で将軍に拝謁した。下田到着から一年二カ月が経《た》っていた。二十六日、ハリスは老中堀田正睦《ほったまさよし》の役宅において、イギリスとフランスは清との戦いを終えたら日本に迫ってくると危機感を煽った。そして、アメリカには英仏のような領土拡張の意図はないといい、アメリカと条約を結べば、逆に英仏両国の侵略を抑えることができると説いて、通商条約の必要性を訴えた。

しかし、幕府内部の意見はまとまらず、一カ月経ってもハリスに回答しなかった。痺《しび》れを切らしたハリスは、回答がなければ砲艦の威力を見せると脅しに出た。幕府は条約締結の交渉に応ずることにした。ハリスの要求は、

1、アメリカ外交代表の江戸駐在を認めること。

2、神奈川、長崎、箱館以外の開港を認めること。

3、通商の自由を認めること。

この三点であった。幕府は条約締結に向けて、大きく一歩を踏み出すことになった。

●勅許《ちょっきょ》を待たずに踏み切った調印

ハリスの目論見《もくろみ》は功を奏し調印の段になったが、ここで問題が起こった。幕府はそれまで外交権を独占し、久しく京都の朝廷から勅許《ちょっきょ》を得ずに事《こと》を運んでいた。ところが、ここに至って幕府外交の慣例を破り、調印に勅許を得ようと考えたのだ。開国に対する「反対論」を抑《おさ》えるためである。だが、京都の許しはなかなか下りなかった。

この事態にハリスは、「しからば将軍は真の君主に非《あら》ざるか」と反問した。大老井伊直弼《いいなおすけ》はやむなく、勅裁の有無《うむ》にかかわらずに調印することを約束した。

3　条文と解説

全一四カ条の本文と、付属の「貿易章程」から成《な》り、主な条文の要旨は次の通りである。

第一条　日本政府はワシントンに外交官を置き、合衆国の各港に領事を置くことができる。外交官・領事は、合衆国到着の日より自由に米国内を旅行できる。合衆国大統領は、江戸に公使を派遣し、開港地に領事を任命する。公使・総領事は公務のために日本国内を旅行する免許を与えられる。

第二条　日本とヨーロッパの国の間に問題が生じたときは、米国大統領がこれを仲裁する。

米国の軍艦は航海中の日本船に対し便宜を図る。また米国領事が居留する貿易港に日本船が入港する場合は、その国の規定に応じて便宜を図る。

第三条　下田・箱館《はこだて》に加え、神奈川、長崎、新潟、兵庫を開港し、江戸、大阪を開市する。

これらの開港地に、米国人は居留を許され、土地を借り、建物を買い、住宅・倉庫を建てることができる。居留地の周囲は囲い等を作らず、出入りを自由とする。

第四条　輸出入品は、全て日本の税関を通す。アヘンの輸入は禁止する。米国商船が三斤以上を所持していた場合、超過分は没収する。

第五条　外国通貨と日本通貨は同種・同量で通用する。金は金と、銀は銀と交換できる。取引は日本通貨、外国通貨どちらでも行なうことができる。開港後一年間は原則として日本の通貨で取引を行なう。日本貨幣は銅銭を除き輸出できる。外国の通貨も輸出できる。

第六条　相手国の国民に対して罪を犯した者は、日米双方の自国の法律により裁かれる。両国の役人は商取引に介入しない。

第八条　日本にいるアメリカ人は宗教の自由を認められる。またアメリカ人が日本の神仏の施設を毀損するようなことはあってはならない。双方の人民はたがいに宗旨についての争論をしてはならない。長崎役所における踏絵《ふみえ》は既に廃止している。

第十二条　神奈川条約及び下田条約でこの条約と異なる部分は、この条約に置き換える。

第十三条　条約内容は、一八七二年七月四日に必要に応じて見直すことができる。

第十四条　本条約は、一八五九年七月四日より有効である。条約批准のために日本使節団がワシントンを訪問するが、訳あって批准が遅れた場合でも、条約は指定日から有効となる。条約文は、日本語、英語、オランダ語にて作成し、その内容は同一であるが、オランダ語を正文《せいぶん》とみなす。本条約を一八五八年七月二十九日、江戸にて調印する。

〔解説〕第二条は、国際法上周知のことである。ハリスはそれを承知であえて条文に盛り込み、アメリカの友好性を強調しようとしたとされる。

第三条において、アメリカは居留地が長崎の出島《でじま》のように隔離されることを恐れ、「周囲に囲い等を作ることなく、出入りを自由とする」と記載することにこだわった。

第四条でアメリカは、当時のアジア最大の商品であるアヘンを禁輸とする方針を示した。

第六条で、我が国が欧米風の法律や裁判制度が整っていないとして、日本人に対して罪を犯したアメリカ人の裁判はアメリカの法の下に行なうとし、アメリカ人に対して罪を犯した日本人の裁判は日本の法の下に行なうとした。この条文は一見公平にみえるが、明治期になり問題点が表面化した。同様の条約が結ばれたイギリスとの間に、アヘンの密輸が発覚したにもかかわらず薬用と処理された「ハートレー事件」や、沈没に際し日本人を見殺しにした「ノルマントン号事件」が起こると、領事裁判権の実態が明らかとなった。

第八条で、宗教の自由を認め、「踏絵《ふみえ》」の廃止を明記している。

第十二条の「下田条約」は、日米和親条約の執行のため下田で締結された条約を指す。

4　条約は、その後の歴史をどう変えたか

●世界史に稀《まれ》な対話による「交渉条約」

「日米修好通商条約」は、不平等条約といわれている。①領事裁判権を認め、②関税自主権を持たず、③アメリカに最恵国待遇を与えている点である。領事裁判権については、明治時代になってから次第に問題が表面化していくこととなる。一方、付属の「貿易章程」に定められた協定税率は、この時点ではさほど低くはなかったが、我が国に関税自主権は認められなかった。

こうした負の部分はあったが、その一方で、それまでの国際社会にはなかった、新たな慣行を作り出した条約でもあった。侵略と交戦を重ねてきた列強の間では、戦争終結に伴う領土の割譲や、賠償金を規定した「懲罰条約」がほとんどだった。これに対して、日米両国は話し合いによる「交渉条約」を選んだ。戦争を避けなければならない理由が、双方にあったからである。我が国はオランダを通じて国際情勢を知り、対応について検討を重ねていた。そして、外国に対抗する近代的な軍隊を持たない日本のとる道は交渉だった。

一方アメリカは、このときまだ「太平洋航路」を開設しておらず、日本までは地球の四分の三を回る長い航海を強《し》いられていた。この間独自の補給地を持たず、イギリスに頼る

状況だった。こうして①大統領命令で砲撃は禁じられていたものの、武力を誇示して威嚇《いかく》する、②対話による交渉、③接遇と贈り物作戦の三つの方針に沿って交渉は進められていった。

その結果、日米両国の事情と思惑《おもわく》が合致して、「日米修好通商条約」は対話によって締結された。

●「金・銀」の海外への流出

第五条の取り決めにより、日本国内からは夥《おびただ》しい金・銀が流出した。条文作成で日米の主張は真っ向からぶつかったが、我が国はハリスに押し切られる形で不利な条件を呑《の》むこととなった。

イギリスの初代駐日公使オールコックは、この後ハリスに加勢して我が国に圧力をかけている。ところが彼は、三年の滞日を終え日本を去るときになって、自分の間違いに気づいた。彼は、メモワール『大君《タイクーン》の都』の最終章第三十九章で、こう述べている。

「日本側の主張はまったく正しかった。日本の銀貨は日本政府の主張通り代用貨幣だったのだが、アメリカ側が価格と値段を混同してしまった」

さらに「ハリス氏がどういう動機で、それまで世界中のどこの国でも行なわれなかった、この奇妙な同種同量による貨幣交換を提案したのか理解できない」とハリスを批判している。

日本貨幣と外国貨幣に含まれる、金・銀の含有量の差異から生ずる利益を求めて、短期間の内に、外国商人、中には役人も交換に殺到した。これを加速させたのが「貨幣の輸出条項」だった。原案では禁じられていた規定を、日本側が「外国商人が取引で入手した貨幣を、両替も輸出もできなくては気の毒」との温情で、放棄してしまったのである。

このとき幕府内に、金貨の海外流出の危険を早くから警告する人物がいた。かつて勘定奉行を務め、外国奉行に転じていた水野忠徳《みずのただのり》である。彼は「安政二朱銀」の鋳造など対策を講じたが、流出は防げなかった。そして「関税自主権」の喪失と合わせて、我が国から大量の金・銀が流出していったのである。

●この条約に続いた四カ国

条約締結では、最初の締結国が、圧倒的な影響力を持つのが通例だった。このため各国とも一番手を狙っていたが、我が国が最初の締結国として選んだのは、当時の覇権国ではなく、独立して一世紀にも満たない「若い国アメリカ」だった。そしてこれに続く諸国との条約は、「日米修好通商条約」とほぼ同様の内容となったが、わずかの違いを挙げるならば、次の通りである。

オランダは、我が国と長崎の出島を通して永い友好の歴史がある。開国に際しても幕府からの求めに応じて、頻繁《ひんぱん》な助言と示唆を行なっている。ところが通商条約の締結は、アメリカの出方を窺《うかが》っているうちに先を越されてしまった。条文については、オランダの医師・薬剤師の診察・投薬を認める規定、混血児の措置の規定など、特有のものがみられる。

ロシアとの条約は、協定税率を除き、「領事裁判権」と「最恵国条項」が双務《そうむ》的となっている。これは、他の諸国との条約にはないものである。

イギリスは、早い時期から我が国に働きかけていたが、清国との「アロー号事件」処理にかかずらっている間に、アメリカに先を越されてしまった。イギリス全権のエルギンは、条約締結に関して、外相のクラレンドンから「天津条約《てんしん》」と同等にするようにという訓令を受けていた。これは「領事裁判権」と片務《へんむ》的な「最恵国待遇」を指していた。

最後はフランスだった。内容はイギリスとほぼ同様だったが、交渉における日本側全権の「俊敏さと才能」を称《たた》えている。幕府の高い外交能力と努力が、交渉による締結を可能にした。

5　条約をめぐるエピソード

●交渉に使われた言語

日本とアメリカの交渉では、何語が使われたのだろうか。

ペリー来航時のことである。大統領国書を受け取る儀式が始まった。ペリー側が差し出した大型名刺を見て、幕府側は驚いた。なんとそれは、「漢字」で書かれてあったからである。これには経緯《いきさつ》がある。

アメリカは、初めて接する日本について、情報を集め「日本研究」を行なっていた。それにはシーボルトの『日本』が使われた。

ペリーは交渉に使う言語を「日本語」と決め、中国在住の宣教師ウィリアムズに注目した。彼はペリーの依頼に頭を抱《かか》え「自分の日本語は送還を待つ漂流民から習ったので、とても公用には無理だ。それに一〇年も前のことだ」と固く断わった。腹を立てたペリーは、「中国に二〇年もいるのに、まだ日本語ができないのか」となじった。日本語と中国語の区別が付かなかったのである。

ペリーはここで質問を変え、「では、中国語ならできるのか」と詰め寄った。ウィリアムズは仕方なく承諾したが、書き言葉には自信がなく、中国人で文人の謝《シエ》を同行させることにした。ところがこの謝は、アヘン中毒のため、来日の途上で死んでしまい、羅森《ラシン》がこれに替わった。オランダ語による交渉を避けたのは、長い日蘭関係の中に組み込まれたくないとのペリーの判断だった。

一方我が国は、早くから「オランダ語」による交渉を予定していた。長崎の出島から通詞《つうじ》（通訳）を浦賀《うらが》に呼び戻し、交渉体制の強化を図った。この中には森山栄之助《もりやまえいのすけ》という英語にも長《た》けた通詞がいたが、このとき幕府は英語を使わない方針をとっている。

こうして「和親条約」で使われた漢文に替わって、「通商条約」ではオランダ語が使われ、日本語と英語がこれに付随した。「和親条約」でアメリカ側の漢文からの英訳の不正確さが発覚したためである。

（山﨑智子）

3　日清修好条規

一八七一年九月十三日（明治四年七月二十九日）

1　イントロダクション

正式の名称は「大日本大清《しん》国修好条規」。付随する通商章程・海関税則を含めて一般には日清修好条規と呼ばれる。一八七一年九月十三日（明治四年七月二十九日）、日本と清とのあいだで調印された。主な内容は、①日清両国は互いの領土を侵《おか》さないこと、②他国から不公平な仕打ちを受けたとき、日清両国は互いに助け合うこと、③貿易に従事する者にかかわる裁判は、互いに自国の法律に基づいて行なうこと（領事裁判権の相互承認）、④協定関税を認め合うこと等である。一見、両国対等の条規のように見えるが、実際は日本に不利な面が多々あった。本条規は、一八九四（明治二十七）年八月一日、日清両国の宣戦布告（日清戦争）により失効した。

2　条約調印への道

●日本政府を突き動かした「日清提携論」

清は東アジアの大国である。その大国が、西洋列強に領土を侵されつつある。清がこれ以上西洋列強に領土を侵されるならば、日本の独立と安全は脅《おびや》かされる。そうならないために、日本は清と手を携《たずさ》えて国家を近代化していく必要がある。その手始めとして両国の友好関係をつくらねばならない。このように政府首脳の岩倉具視《いわくらともみ》、西郷隆盛《さいごうたかもり》、木戸孝允《きどたかよし》らは考えた。いわゆる「日清提携論」である。

「日清提携論」は、幕末からあった。軍事力を背景にして東アジアに強引に進出しつつある西洋列強（特にロシア）に対して危機感をいだいた佐藤信淵《さとうのぶひろ》や吉田松陰《よしだしょういん》らは「日本だけで日本を守ろうとしても守りきれない。朝鮮や清と手を携えることによって東アジアを守り、日本を守らねばならない」と主張していた。

日本政府は、明治の初年から隣国朝鮮と国交を結ぼうと努力を続けていた。しかし、朝鮮は、清を文化の中心と仰《あお》ぎみる中華世界のなかに生きていた。朝鮮からみると、日本は中華文明の恩恵をほとんど受けていない野蛮な国であった。「その野蛮な日本が、同じく野蛮な西洋文明を取り入れている」と、朝鮮は日本を軽蔑《けいべつ》した。

なんとかして国交を結ぼうとする日本政府に対して、朝鮮は、日本の国書のなかに清しか用いることのできない「皇」や「勅」の文字を用いていること、日本の使節が洋式の服装をしてやってきたことなどを理由に交渉を拒否した。

日本政府は、朝鮮が宗主国《そうしゅこく》と仰ぐ清と対等の条約を結ぶことを優先することにした。日本が清と対等の条約を結んで国の交《まじ》わりを始めるならば、朝鮮も交渉のテーブルに着くであろう。それが日本政府の思惑であった。

また、日本が幕末に西洋列強と結んだ修好通商条約により、横浜、神戸、長崎、築地《つきじ》（東京）、大阪、函館、新潟の七カ所に外国人居留地が設けられた。これらの居留地で商売をする西洋人の従者として清人たちがやってきた。清人のなかには、管轄外の土地に居住し、店を開く者もいた。また不良の行ないをして日本人に害を及ぼす者も少なくなかった。

一八五六（安政三）年、アメリカ総領事タウンゼント・ハリスの従者をしている清人が、アヘンを薬用目的外で買い占める事件が起き、日本政府はその対応に苦慮した。一八七〇（明治三）年、日本政府は、外国人居留地で清人がアヘンを販売することを禁止したが、それでも在日清人のなかには、密《ひそ》かにアヘンを吸引する者がいた。日本政府は、清と正式に国交を結び、在日清人が日本の法を守るよう清の理解と協力を求める必要を感じた。

清は、西洋列強と条約を結んで広州《こうしゅう》、厦門《アモイ》、寧波《ニンポー》、福州《ふくしゅう》、上海《シャンハイ》などの港を開いていた。日本政府もまた、清と条約を結び西洋列強と同じように清と交易することを望んだ。交易により、国内の商業や産業が活性化することを期待したのである。

●清《しん》が日本と国交を結ぼうとした理由

一八七〇年八月、明治政府は清に対し、国としての公的な付き合いを求める提案をした。それを承《う》けた清の総理各国事務衙門《がもん》（略して総理衙門。外務省にあたる官庁）のなかには「拒否すべし」との意見が強かった。倭寇《わこう》（日本人）が西洋列強の尻馬に乗って清に進出しようとしていると警戒した。また「文化的に清に劣る野蛮な日本が、なんと洋夷《ようい》（西洋の野蛮人）の風習を取り入れようとしている」と冷笑した。「そんな日本が我が大清国と対等の付き合いをしたいとは烏滸《おこ》がましい」と思ったのである。彼らは、中華世界のなかに生きていた。

しかし、東アジアの厳しい情勢をそれなりに理解していた直隷《ちょくれい》総督（地方長官の最高位）の李鴻章《りこうしょう》は、次のように考えた。

1、西洋列強の進出を許してしまった清が、列強のこれ以上の進出を防ぐために、日本の力を利用できるのであれば利用する。

2、日本は我が属邦・朝鮮を虎視眈々《こしたんたん》と狙っている。朝鮮を日本に奪われないよう、日本と結ぶ条規のなかに、日本の朝鮮侵略を牽制《けんせい》する文言を入れる必要がある。

3、日本と正式に交易をすることで、日清両国の商人に課す商業税からの国庫収入を増やす。

清は、こうした李鴻章の考えを受け入れて、日本政府との交渉に入ることにした。日本と清の交渉は、一八七一（明治四）年の五月から始まった。日本側の代表は、大蔵《おおくら》卿伊達宗城《だてむねなり》であった。清側の代表は、欽差《きんさ》全権大臣李鴻章であった。欽差大臣とは、皇帝の命を受けて特定の任務を遂行する大臣である。交渉は李鴻章のペースで進められ、七月末に日清修好条規としてまとめられ、伊達と李鴻章がこれに調印した。

3　条文と解説

全一八条と通商章程からなるが、まず第一条と二条の原文を掲出し、筆者による現代語訳を併記する。

第一条　此後大日本国と大清国は彌《いよいよ》和誼《わぎ》を敦《あつ》くし天地と共に窮《きわ》まり無《なか》るべし。又両国に属したる邦土《ほうど》も各《おのおの》礼を以て相待ち聊《いささかも》侵越する事なく、永久安全を得せしむべし。

【現代語訳】これから先の日本と清国は、この世界が続くと同じように、末永く仲良くつきあおう。それぞれの国に属する邦土を、礼儀をもって認め合い、少しなりとも侵さないよう、邦土がずっと安全に守られるよう、お互いに努力すること。

第二条　両国好《よしみ》を通《つう》ぜし上は、必ず相関切す。若《も》し他国より不公及び軽藐《けいばく》する事有る時、其《その》知らせを為《な》さば、何《いず》れも互《たがい》に相助け或《あるい》は中に入り程克《ほどよ》く取扱い友誼《ゆうぎ》を敦くすべし。

【現代語訳】日本と清国が友好関係に入ったからには、かならずお互いに相手を大事にしながらつきあうこと。もし日本と清国以外の国から不公平な仕打ちを受けたり侮辱されたりして、その事実を日本が清国に、清国が日本に知らせたときには、日本と清国はお互いに助けあい、または、不公平や侮辱を行なった国との間に入ってうまく調停をすること。

このようにして日本と清国の友好関係を深めること。

〔**解説**〕李鴻章は、第一条にある文言「邦土」に、清の統治下にある土地だけでなく、清の属国である朝鮮を含ませた。しかし、李鴻章は、そのことを伊達に言わなかった。

第二条の「もし日本と清国以外の国から不公平な仕打ちを受けたり侮辱されたりしたり して……日本と清国はお互いに助けあい……」という箇所には、何かのときには日本の力を利用してやろうという李鴻章の思惑があった。日本側も、近い将来、清・朝鮮と連携して西洋の侵出から東アジアを守るという大局的な観点から、この一節を入れることに同意した。

第三条以降の主な内容は、以下の通りである。

1、領事裁判権を互いに認め合う。

2、関税率を対等とする。ただし、西洋列強に対して認めている開港地以外の清国内の通行権や鉱山採掘権については、日本に認めない。

3、軍艦の河川等への侵入を禁ずる（第十四条）。

ちなみに、清が西洋諸国と結んだ条約では、軍艦の自由航行を認めている。第十四条は、明らかに日本を警戒した規定である。日清修好条規は、日本政府と清朝それぞれ微妙に異なる思惑のもとに結ばれたのである。

4 条約は、その後の歴史をどう変えたか

●第二条に抗議してきた西洋列強

第二条の内容を横浜《よこはま》の仏字新聞がセンセーショナルな記事にした。それを見た米・独・蘭などの駐日公使・領事が「これは日清の攻守同盟ではないのか」と抗議してきた。左院（立法府）に条規を精査させた日本政府は、付属の通商章程のなかにも、日本にとって不利な内容があることを知った。日本政府は、条規の内容見直しのための交渉を清に求めた。だが李鴻章は、日本政府が求めた条文の見直しには一切応じなかった。ただし、第二条が日清両国の友好を謳《うた》う以外に他意がないことを西洋列強の駐日・駐清の各公使・領事に説明することについては同意した。西洋列強は、日清両国の説明に納得した。

●第一条にこめた李鴻章《りこうしょう》の深謀

修好条規の第一条に「邦土」の文言がある。李鴻章がこの「邦土」に朝鮮を含めている

ことに、伊達宗城は無論のこと日本政府も気づかなかった。気づいたのは、日清修好条規が批准され発効した一八七三（明治六）年以降である。清は、邦土の「邦」とは朝貢《ちょうこう》をしている属国のことであり、「土」とは内地のことであると主張したのである。

一八七六（明治九）年、日本が朝鮮と結んだ日朝修好条規の第一款で「朝鮮は自主の国であり、日本と平等の権利を有する国家と認める」と謳われた。しかし、清は日朝修好条規を属国朝鮮と東夷日本が結んだものに過ぎぬとみて、歯牙《しが》にもかけなかった。後年、清は日本から朝鮮という「邦」を守るために、朝鮮の内政に干渉したり軍事介入を繰り返すことになる。

●在日清人のアヘンの密輸と吸引を処罰できなかった日本政府

第三条に「両国の政事禁令　各《おのおの》異《こと》なれば、其《その》政事は己国自主の権《けん》に任ずべし」とあり、これは「日清両国の政治や禁止事項は、それぞれ異なっている。その政治や禁令は、日清それぞれが自主的に決める権利がある」という意味である。

日本政府はこの条文によって、在日清人のアヘン密輸や吸引の禁止条項を盛り込んだつもりでいた。しかし、清の解釈は別であった。清朝はアヘン吸引を法で禁止していなかった。在日清人がアヘンを密輸し吸引をしたからといって、これを日本側が罰し、または清に送還することは認められない、これが清側の解釈であった。解釈は、国の力関係で決まってくるのである。日本の司法は、日本人に対して罪を犯した在日清人の処罰はできた。しかし、在日清人のアヘン密輸者と吸引者を処罰することはできなかった。

●通商章程の中の日本にとっての不利な内容

通商章程の第五款、六款には、商品の荷揚げに関する罰則が定められており、日本を対等にみていない清の姿勢がうかがわれる。その罰則の内容は以下の通りである。

「日本において清商人の積み荷目録にない品が見つかった場合、清商人は関税相当額の罰金を納める。虚偽申告が発覚した場合、洋銀一二五元（一元は、日本の一両にほぼ同じ）の罰金を納める。一方、日本商人が清で同様のことを行なった場合、いずれの場合も五〇〇両の罰金を納め、商品はすべて没収される」

第二十六款、二十七款でも、硝石《しょうせき》・硫黄《いおう》・白鉛・銅銭・塩等の戦略物資の管理売買について、日本側に不利な規定が設けられていた。すなわち、清政府が日本商人に注文する場合を除き、日本商人が勝手にこれらを売買することを禁じていた。こうした規定は、清と西洋列強とのあいだには存在しない。左院は「我が商人のみが割を食う」と嘆じた。

軍事力で清を圧倒する西洋列強は、清に不利な条約を強引に結ばせた。それと同じように、大国清は、一見平等であるが実は日本に不利なところの多い日清修好条規を、強引かつ巧妙に小国日本に結ばせたのである。

5　条約をめぐるエピソード

●李鴻章をやり込めた森有礼《もりありのり》

日清修好条規は、一八七四（明治七）年に批准された。その二年後の一八七六（明治九）年、森有礼は李鴻章と北京《ペキン》で会談した。そのなかで、李鴻章は、日本が明治に入って旧来の衣服制度を洋式に変えたことを批判した。以下、外務省の「外交文書」より二人のやりとりの概略を紹介する（朝鮮問題等ニ関シ森公使清国政府と交渉一件）。

李「衣服制度というものは、人に祖先の遺志を追憶させるものの一つである。子孫たる者は、これを貴重なものとして万世に保存すべきである」

森「何事にも良いところを模倣するのは、我が国の美風の一つである。もし我が国の祖先が今ここにいたら、我々がしたと同じように洋式の衣服制度を採り入れることであろう」

李「閣下は、貴国の旧来の服制を捨てて洋風に倣《なら》い、貴国独立の精神を欧州の制度に委ねたことを恥じないのか」

森「貴国も、四〇〇年前、旧来の服制を捨てて、新たな服制に変えたのではなかったか」

李「これは我が国内での改革である。決して西洋の風俗を用いたのではない」

森「しかし、変革は変革である。しかも、漢民族は自らの意思で変えたのではなく、満《まん》洲《しゅう》族の強制に屈して変えたのではないか」

漢族の支配する明《みん》朝から満洲族の支配する清朝に代わり、漢族は忌《い》み嫌う満洲族の弁髪《べんぱつ》まで受け入れて服制を変えたのである。漢族である李鴻章にとって、森の最後の一言は、さぞかし苦々しかったであろう。日清修好条規についての協議で李鴻章に苦汁《くじゅう》を飲まされた日本政府に代わって、森有礼が一矢《いっし》を報いたといえようか。

（上原　卓）

4　千島樺太交換条約

一八七五（明治八）年五月七日

1　イントロダクション

千島《ちしま》列島（クリル諸島）最北端のシュムシュ島（占守島）からウルップ島（得撫島）までの一八島を日本がロシアから譲《ゆず》り受けるかわりに、樺太《からふと》全島（現サハリン島）を日本は放棄し、ロシア領とする内容の日露間条約である。一八七五（明治八）年五月七日、ロシアのサンクトペテルブルクで締結された。日本側全権榎本武揚《えのもとたけあき》、ロシア全権アレキサンドル・ゴルチャコフ。

日本人の父祖がいかにして樺太・千島を開拓し、その後の欧米列強、とりわけ大国ロシアの侵出に対処しようとしたか、その足跡を辿《たど》ってみたい。

2　条約調印への道

●樺太《からふと》と千島《ちしま》をめぐる日露の開拓史

日本は、歴史的にも早い時点で樺太や千島の先住民と交易を行なっていた。また、樺太をもっとも早く開拓し、樺太が島であることを初めて確認したのも日本である。樺太の先住民は北方系少数民族で、北部にはツングース系の人々が住んでいた。アイヌは主に南樺太地域に居住し、樺太アイヌと呼ばれた。一四七五年、蝦夷地《えぞ》（北海道）を支配していた蠣崎信広《かきざきのぶひろ》（松前《まつまえ》氏の祖）は、樺太アイヌから朝貢を受け、以来、南樺太をも支配下に置いたとされる。

一六三五（寛永十二）年、江戸幕府は、日本人の海外渡航、帰国を全面的に禁止したが、同じ年、松前藩の佐藤嘉茂左衛門《さとうかもざえもん》らが樺太を探検、そのまま樺太で越冬し、翌春には東岸を北緯五〇度近くまで踏査した。一方、ロシアでは一六三九（寛永十六）年、ようやくモスクヴィチンが、オホーツク海に到達した。

一六四四（正保元）年、松前藩が幕府に「正保《しょうほう》御国絵図」を提出した。この地図では、蝦夷地の北にある樺太と千島の存在が、初めて公《おおやけ》に表示された。千島が三六島描かれており、それぞれに名前が付けられている。国後《くなしり》・択捉《えとろふ》・カムチャツカらしい名前も見られる。

一七一五（正徳五）年、松前藩主は、幕府への上申書の中で「千島・カムチャツカ・樺太が藩領で統治下にある」と報告している。松前藩の実効支配の範囲については研究の余地があるものの、松前藩が樺太や千島のアイヌと盛んに交易を行なっていたことは確からしい。一七五四（宝暦四）年、松前藩から国後における独占的な交易権を与えられていた飛驒屋《ひだや》は、運上所《うんじょうしょ》（輸出入品の監督、運上〈関税〉の徴収などを取り扱った役所。現在の税関に近い）を国後島に進めている。

一方ロシアは、一六八九年に清国とネルチンスク条約を締結し、アルグン河・外興安嶺《がいこうあんれい》を中露の国境とした。この結果、黒竜江《こくりゅうこう》（アムール河）流域は清国領となった。そのため、ロシアは大陸での南下をいったん諦《あきら》め、カムチャツカへ向かった。一七一一〜一三年、イワン・コズィレフスキーが、カムチャツカに漂着した日本人を案内兼通訳として、ロシア人で初めて千島を探検した。そしてクリールスキー諸島と命名した。

一七二八年、ベーリングが、アラスカに到着、ベーリング海峡を発見。これを契機にロシアは、毛皮を求めて千島列島を南下してきた。

一七七一年、ポーランド人ベニョフスキー（ハンガリー出身のポーランド軍人で独立運動に関わって流刑）が、流刑地のカムチャツカから船を奪って脱走、日本の土佐《とさ》・奄美《あまみ》などに寄航してロシア南下の脅威を強く訴えた。長崎オランダ商館に送られた書簡は翻訳され「ハンベンゴロウ（ベニョフスキーの転訛《てんか》）の警告」として、林子平《はやししへい》らの海防論に影響を与えた。

●最上徳内《もがみとくない》、近藤重蔵《こんどうじゅうぞう》、間宮林蔵《まみやりんぞう》らの功績

日本では、一七八五（天明五）年、田沼意次《たぬまおきつぐ》の命を受け、佐藤玄六郎《さとうげんろくろう》・青島俊蔵《あおしましゅんぞう》らが蝦夷地を探検し、「蝦夷輿地《よち》之全図」を著す。翌年には、幕府蝦夷地調査隊の最上徳内《もがみとくない》が、国後南岸を通り、択捉島に上陸、ここで、三人のロシア人の居住を確認している。さらにウルップ島へも上陸。以北の状況を聞き、北方地図を作成した。

一七八七年、フランスの探検家ラペルーズは、西洋人として初めて日本海（Mer du Japon と命名）に入り、以降、世界地図に記載された。樺太西岸を探査して北緯五二度五分に達し、帰路、宗谷《そうや》海峡（ラペルーズ海峡と命名）を通過、カムチャツカにいたった。しかしラペルーズもまた、樺太は大陸の半島であるとした。

一七九二（寛政四）年、ロシア皇帝エカチェリーナ二世の使節アダム・ラックスマン

は、日本の漂流民大黒屋光太夫《だいこくやこうだゆう》らとともに根室《ねむろ》港に来航、通商を求めた。老中・松平定《まつだいらさだ》信《のぶ》は鎖国を理由に通商を拒否したが、長崎の入港許可証である「信牌《しんぱい》」を与えた。

一七九八（寛政十）年、江戸幕府は蝦夷地に調査隊を派遣、なかでも近藤重蔵《こんどうじゅうぞう》は翌年、最上徳内を案内人として択捉島に到達、「大日本恵登呂府《だいにほんえとろふ》」の標柱を立てた。

一八〇四（文化元）年、ロシア使節レザノフが、長崎に入港した。「信牌」を持参しての来航であったが、半年以上も長崎に閉じ込められたうえに開国の要求も拒否されたため激怒し、部下のファガトフ大尉らに蝦夷地攻撃を命じた。ロシア兵は一八〇六（文化三）年、樺太を襲撃、翌年、択捉や利尻島《りしりとう》も急襲し、物資を掠奪《りゃくだつ》、倉庫や船舶、番所を焼き払い、日本人、アイヌ人を射殺するという暴挙に及んだ。

幕府はロシアの攻撃に驚き、蝦夷地全土を幕府の直轄とし、そして一八〇八（文化五）年四月、ロシアの動向を探るため松田伝十郎《まつだでんじゅうろう》と間宮林蔵《まみやりんぞう》を樺太に派遣した。彼らは、世界で初めて樺太がシベリアから離れた島であることを発見した。

一八一一（文化八）年、ロシア海軍の艦長ゴローヴニンらは、国後島に上陸し測量したところ、日本の守備隊によって捕えられ、松前に監禁された。副艦長リコルドは報復として、国後島の近くを通過していた高田屋嘉兵衛《たかだやかへえ》（択捉島場所請負人《うけおいにん》）ら五人をカムチャツカへ連行した。しかし嘉兵衛からファガトフ事件を聞かされたリコルドは、その進言によって箱館《はこだて》に上陸して話し合いを行ない、その結果、ゴローヴニンら八人は釈放された。

一八五三（嘉永六）年、アメリカのペリーに続き、ロシアのプチャーチンが長崎に来航、国境の確定と開国通商を要求した。翌年、プチャーチンが再び来航し、一八五五年二月（安政元年十二月）、下田で日露和親条約（下田条約）を結んだ。千島は択捉・ウルップ島間を国境とし、択捉島以南は日本領、ウルップ島以北の諸島はロシア領としたが、樺太は雑居地とすることが定められた。

一八六七（慶応三）年にも、小出秀実《こいでほづみ》らがペテルブルクにて樺太国境確定交渉を行なったが妥結には至らず、樺太はこれまで通り混住の地とされた（日露間樺太島仮規則）。

その後、ロシアは、移民・囚人、さらに軍隊を南樺太にまで送り込んだ。それに対して日本人の住民は貧しい移民や漁師、一部の官吏のみであった。現地の日本人やアイヌ人は次第に圧迫された。

一八七一（明治四）年、ロシアは函館領事のビューツォフを代理公使に任命し、強大な国力を背景に、南樺太に侵出した。開拓使の官吏たちは、現地の日本人（アイヌ人も含む）の権益を守るため南樺太への軍隊の派遣を新政府に要請したが、参議の三条実美《さんじょうさねとみ》は宥和《ゆうわ》策を指示した。

もし日本がロシアと紛争になれば勝ち目はなく、樺太はおろか北海道まで奪われる危険性があった。外務卿の副島種臣《そえじまたねおみ》は、アメリカ公使デ・ロングに調停を依頼したが、デ・ロングは中途で辞退した。副島はビューツォフに樺太全島の購入を提案したが、不成功に終わった。

ロシアの南下をもっとも警戒するイギリス公使パークスは、樺太におけるロシア支配が予想以上に進んでいることを知り、樺太を放棄して北海道の開拓に専念すべしと岩倉《いわくら》ら新政府の要人に説いた。征韓論が敗れ、西郷・副島ら樺太開拓論者が下野すると、新政府では内治重視派の黒田清隆《くろだきよたか》が参議兼開拓長官となった。そして黒田が推薦した榎本武揚が全権となり、一八七五（明治八）年の千島樺太交換条約締結に至るのである。

3 条文

第一款　大日本国皇帝陛下はその後胤《こういん》に至るまで現今樺太島（即《すなわち》サハリン島）の一部を所領するの権利及び君主に属する一切の権利を全ロシア国皇帝陛下に譲り而今而後《じこんじご》樺太全島は悉《ことごと》くロシア帝国に属し「ラペルーズ」海峡をもって両国の境界と

す。

第二款　全ロシア国皇帝陛下は、第一款に記せる樺太島（即サハリン島）の権利を受《うけ》し代《かわり》として、その後胤に至るまで現今所領「クリル」群島即ち第一「シュムシュ」島第二「アライド」島（中略）第十七「チエルポイ」ならびに「プラット、チエルポエフ」島　第十八「ウルップ」島共計十八島の権利及び君主に属する一切の権利を大日本国皇帝陛下に譲り而今而後「クリル」全島は日本帝国に属し、カムチャツカ地方「ラパツカ」岬と「シュムシュ」島の間なる海峡をもって両国の境界とす。

第三款（略）

第四款（略）

第五款（略）

第六款　樺太島（即サハリン島）を譲られし利益に酬《むく》ゆるため、全ロシア国皇帝陛下は次の条件を准許《じゅんきょ》す。

第一条　日本船の「コルサコフ」港（即「クシュンコタン」）に来《きた》る者のために、この条約批准為交換の日より十ケ年間港税も海関税も免ずる事、この年限満期の後は、猶之《なおこれ》を延《の》ばすも、又は税を納めしむるも、全ロシア国皇帝陛下の意に任す。
全ロシア国皇帝陛下は日本政府より「コルサコフ」港へその領事官、又は領事兼任の吏員を置くの権利を認可す。
第二条　日本船及び商人通商航海のため「オホーツク」海諸港及びカムチャツカの海港に来り、又はその海及び海岸に沿って漁業を営む等渾《すべ》てロシア最懇親の国民同様なる権利及び特典を得る事。
第七款　（略）
第八款　（略）

4　条約は、その後の歴史をどう変えたか

この条約から三〇年後、日露戦争（一九〇四〜一九〇五年）で日本は多大の犠牲を払い、ロシアの南下を退《しりぞ》けた。その結果、ポーツマス条約が締結され、日本はサハリン島の南半分（北緯五〇度まで）の領有権を得たのである。

一九四一（昭和十六）年六月、独ソ戦が勃発し、劣勢のソ連はスターリングラードを包囲された。この機《き》に乗じて、日本はソ連に対し、ウルップ島以北の千島列島（樺太千島交

換条約で譲渡された一八島）と北樺太との交換を提案すれば樺太全土の掌握をソ連側に受け入れさせることも可能であったであろう。ソ連にしてみれば、ドイツ軍と日本軍に挟撃されることだけは、何としても避けたかったに違いない。狡知《こうち》にたけた外交戦略が日本にあれば、実現の見込みはあった。しかし、日本にはそのような発想はなかった。日ソ中立条約を遵守したのである。

反対にソ連は、和平の仲介を依頼している日本に対し、中立条約を破棄して樺太・千島に侵攻、さらに日本がポツダム宣言を受諾した八月十五日の後も軍事占領を続け、九月二日の降伏文書調印後も北方領土を侵略した（ヤルタの密約でも占領はウルップ島以北の千島列島のはずだった）。

日露の外交関係は、一八五五年二月の日露和親条約に始まり、千島樺太交換条約が続いた。どちらも戦争ではなく、交渉によって「平和的」に領土問題の解決がはかられた。

だがその後、日露戦争、ノモンハン、第二次世界大戦（ただし第二次大戦はソ連側の不法かつ一方的な侵攻であったが）と三度の戦争を経《へ》て、これら北方領土は、現在、ロシアによる支配が続いている。

日本政府は、日本固有の領土であった千島・南樺太をサンフランシスコ講和会議で放棄

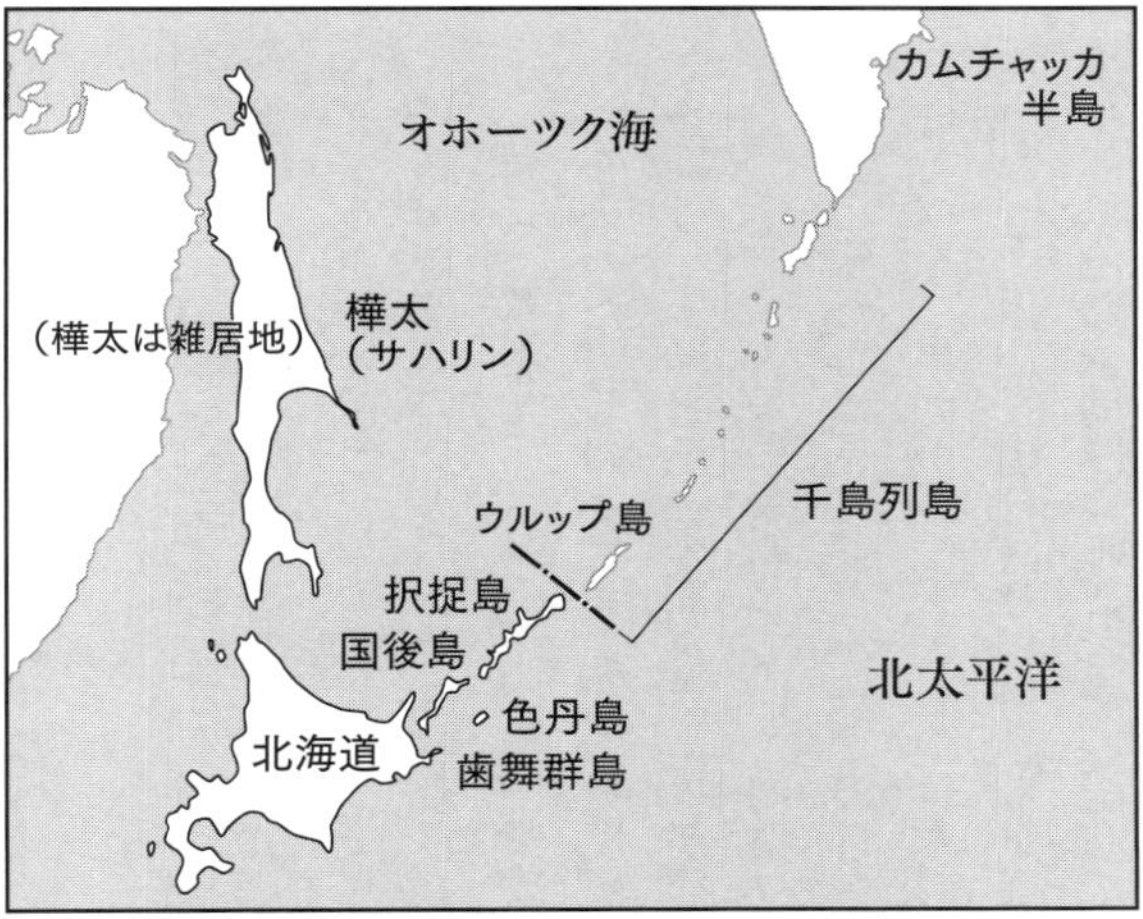

〈図①〉1855年の日露和親条約に基づく国境線

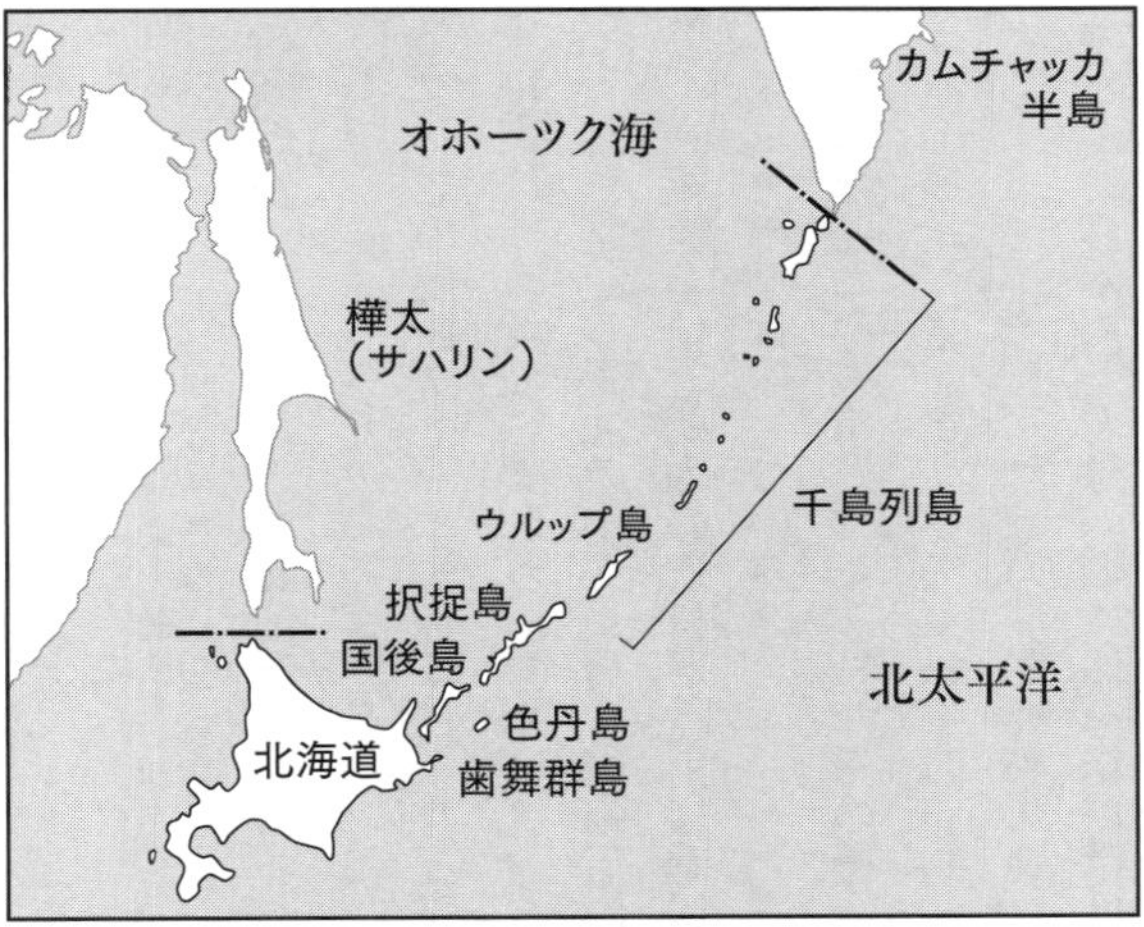

（外務省HPより）

〈図②〉1875年の千島樺太交換条約に基づく国境線

した。だが、北方領土はその中に元来含まれてはいない。

5　条約をめぐるエピソード

直接この条約に関わる話ではないが、日露の条約交渉において、永く記憶に留めるべきエピソードを記そう。

日露和親条約の交渉のために再来日していたロシアの使節プチャーチンは、一八五四年十二月（安政元年十一月）、下田港内で安政の大地震に伴う津波に襲われ、乗艦「ディアナ号」を失った。このとき、地元の村民は総出で、打ち寄せる荒波の中、乗員や積み荷の上陸を助け、本船と浜との間をボートが往復して、乗組員全員と船内の資材が陸上に確保された。ディアナ号に乗船していた司祭ワシーリイ・マホフは記している。

「事実、私たちは見た。だが、この目が信じられぬほどの出来事だった。私たちの運命を見守るべく、早朝から一千人もの日本の男女が押し寄せてきたのである。彼らは奇特にも束になって浜辺を走り回り、何やら気遣っているようであった。つまり、私たちのカッターや無鉄砲な救助隊員のことを心配していたのだ！　日本人たちは、綱に体を結び付けて身構えていた。そして、カッターが岸へ着くやいなやそれを捉え、潮の引く勢いで沖へ奪われぬように、しっかりと支えてくれたのだ！　善良な、まことに善良な、博愛の心にみちた民衆よ！」

（『ディアナ号航海誌』）

プチャーチンは、乗組員を帰国させるため、まず小型の輸送船を日本で建造し、この船で上海に渡って、帰国のための大型船を手配しようと考えた。幕府はロシア側の要求に応え、西伊豆の戸田《へだ》湾を建造地として提供した。ここは天然の良港で、しかも外洋から見えないことがロシアにとっては好都合であった。なぜなら、当時ロシアは、英仏と戦争状態（クリミア戦争）にあったからである。プチャーチンは建造した小型輸送船に地元民への感謝を込めて「ヘダ号」と名付けた。

（松浦明博）

5　日朝修好条規

一八七六（明治九）年二月二十七日

1　イントロダクション

正式名称は、「大日本大朝鮮修好条規」。細目にあたる修好条規付録と貿易規則をふくめて、日朝修好条規という。一八七六（明治九）年二月二十七日、朝鮮の江華府《こうかふ》において締結・調印された。この条規は今日、一般に「ペリー提督の砲艦外交に倣《なら》って締結され、朝鮮国に領事裁判権を強要し関税自主権を認めない不平等条約」と理解されている。だが、日本が軍艦をもちいて交渉に臨《のぞ》んだのは侵略を意図したものだったのか、この条規が不平等なものであったというのは、どのような事実に基づいているのか、そのあたりも検証していきたい。

2 条約調印への道

●西洋列強の東アジア進出を前にした日本と朝鮮

日本が開国した八年後の一八六一（文久元）年、対馬《つしま》の芋崎《いもざき》にロシアの軍艦が侵入し一帯を占拠するという事件が起こった。ロシアの南下を警戒するイギリスは、幕府の要請に応じて軍艦を出動させ、ロシア軍艦を対馬から退去させた。日本は、東アジア進出に執心するロシアがやがて隣国朝鮮を占領すれば、日本にとって大きな脅威となると考え、朝鮮も開国して近代化をすすめ、日朝連携の体制をつくることが不可欠であると判断した。

朝鮮では、攘夷思想の持ち主である大院君《だいいんくん》がキリスト教を弾圧し、一八六六年にはフランス人神父九名と朝鮮人教徒数千人を処刑した。北京駐在のフランス臨時代理公使は、同年十月、軍艦を朝鮮に派遣して江華島《こうかとう》を占領させたが、朝鮮軍は各地でフランス軍を破り、これを撤退させた。この事件と前後して、アメリカの武装商船シャーマン号が大同江《だいどうこう》を遡上して通商を求めた。軍民を指揮した平安道《へいあんどう》観察使朴珪壽《ぼくけいじゅ》は、商船を焼き払い乗組員を皆殺しにした。一八七一年、北京駐在のアメリカ公使は、五隻の艦隊を派遣して江華島の砲台を占領させたが、朝鮮側の反撃を受け艦隊は撤退した。

フランスやアメリカの本当の実力を知らなかった大院君は、攘夷鎖国政策に自信をもち、ロシアの脅威に関心を寄せることもなかった。

●国交の回復を求める日本と、それに応じない朝鮮

米仏の攻撃を撃退できたと思い込んでいる朝鮮に対する条約交渉は、難渋を極めた。

明治政府は一八六八（明治元）年、「明治天皇が徳川大君に代わり日本国を統治する」旨の外交文書を、対馬藩経由で釜山《プサン》の東莱府使《トンネイ》（同地域を統轄する官憲）へ届けさせた。

しかし同役所は、その文中に「皇上・奏勅」等の文字が使われていたのを咎《とが》め、かつ「日本国国書の署名と印章が従前と異なる」との理由で、その受取りを拒否した。当時の朝鮮国は、小中華思想（中華帝国を盟主として、周辺諸国が臣従する冊封《さくほう》体制下、朝鮮がこの華夷《かい》秩序の中で第二位の位階を占めるとの自尊史観）に凝《こ》り固まり、「このような文字を使えるのは大清帝国のみ」と考えていたのである。

翌一八六九（明治二）年十二月、日本の外務省は、佐田白茅《さだはくぼう》と森山茂《もりやましげる》を朝鮮に派遣して国書への回答を督促したが、朝鮮側は応じなかった。帰国した佐田は「朝鮮人は固陋頑《ころうがん》迷《めい》で、目覚める気配はない。武力をもって説服しなければ交渉は打開できない」と建言した。

一八七三（明治六）年、外務省の相良正樹《さがらまさき》は、外出を禁じられていた草梁倭館《そうりようわかん》（事実上の日本公館）から東萊府使へ出向き、直接会見を求めた。同府使はこの日本側の行動に激怒して、日本公館への食糧等の供給を停止し、日本人商人による貿易活動を取り締まり、日本国を「無法の国」とする侮日《ぶにち》広告を掲示するといった敵対行動を実行した。その結果、明治政府内に「征韓論論争」が巻き起こり、「明治六年の政変（西郷隆盛《さいごうたかもり》の下野）」をもたらした。

一八七五（明治八）年六月、日本は森山茂理事官を朝鮮に派遣したが、交渉は進まなかった。それらと併行して同年九月二十日、日本は軍艦「雲揚《うんよう》」に朝鮮半島沿岸の測量をさせた。その際、江華島付近にいたった「雲揚」に対して、草芝鎮台《そうしちんだい》から砲撃を加えてきたため、「雲揚」は反撃し、砲台を破壊した（江華島事件）。

日本は、黒田清隆《くろだきよたか》を全権特派大使に任命、軍艦六隻を持たせて、一八七六（明治九）年二月江華島に派遣した。かつて大院君麾下《きか》の朝鮮軍民が一八六六年にフランス艦隊を、一八七一年にアメリカ艦隊を、それぞれ撃退したことを考慮しての処置である。

清の総理衙門《がもん》も朝鮮国王に日本との和平交渉を勧め、朝鮮は、ようやくにして日本との交渉に応ずる姿勢を示した。

交渉は、二月十一日に始まり、二十七日に批准書が交換された。ただし通商関係については、さらに交渉が続けられ、八月二十四日、細目にあたる修好条規付録（一一款）と章程にあたる貿易規則（一一則）が定められた。

3 条文と解説

全条文一二カ条から成るが、本項では重要条文を選択して筆者による現代語訳を示し、必要に応じて解説を付した。

第一款　朝鮮国は自主の国であり、日本と平等の権利を保有する。これから両国和親の成果を挙げるため、互いに礼儀をもって接し、いささかなりとも相手国を侵略したり妬み嫌ったりしてはならない。

【解説】 冒頭の一文は、日本側が強く求めて入れたものである。朝鮮は日本と同じように自主の国であると規定した裏には、朝鮮が清の属国であることから脱して、自立した内政外交を求める日本の強い願望が込められていた。しかし、朝鮮は、これを江戸期の日朝交流の復活程度に受け取り、日本側の意図を理解していなかった。

第四款　朝鮮国釜山《プサン》の草梁に日本公館があり、従来両国人民通商の地であった。今より今回成立の条約文を標準として貿易事務を実施する。かつ又、朝鮮国政府は第五款に謳う二港を開港し、日本人の往来通商するのを承認する。右の場所においては、土地を賃借し、家屋を造営し、朝鮮人の屋宅を賃借するは随意に任す。

第八款　以後日本政府は、朝鮮国の指定する各港に日本商人を管理する役所を設置する。もし両国の交渉する事件ある場合は、当該役所より該地地方長官に会商して弁理させる。

【解説】朝鮮国開港地に日本領事館設置を許可する一方、日本国開港地での朝鮮国領事館設置には言及していない。

第九款　両国はすでに友好的な通商を経験してきた。これからも日朝商人同士の合意のもとに貿易させること。両国の官吏はこれにいささかも干渉しないこと。また貿易の制限をしないこと。両国の商人が売買で相手を騙《だま》したり、貸し借りをうまく行なったりしない場合は、両国の官吏が関係商人を厳重に取り調べて決済させること。ただし両国政府は商人に代わって弁償しないこと。

【解説】 両国商人が自らの意思で商売をする自由貿易を謳ったのが第九款である。貿易に官が関与するのは、両国の商人が日朝の商習慣の違いなどから売買・貸し借りをスムーズに行なえないときに調整役をする場合に限られた。その際に、両国商人のいずれかが損をしたからといって、政府は補償しないとされた。

後世議論を呼ぶことになる関税の問題は、日朝修好条規の締結に続いて同年八月から行なわれた修好条規付録と貿易規則に関する交渉において、日本側全権の宮本小一《みやもとおいち》理事官が書簡を送り、日本は朝鮮に輸出される日本商品と日本に輸入する朝鮮商品とに、ともに関税を課さないということを通告し、同時に朝鮮も同様な特恵条件を日本に要求したのに対し、朝鮮側全権代表の趙寅熙《ちょういんき》が書簡をもって同意する旨回答したことで「公文（修好条規付録に付属する往復文書）」に取り入れられた（外務省「日本外交文書」第九巻九二）。日朝両国がいわば関税自主権をともに放棄したのである。今日のTPP交渉を見ても明らかなように、このような自由貿易は国力の強い国に有利に働き、弱い国の産業構造に甚大《じんだい》な影響を与える。この場合も結果として、商業や経済の仕組みが日本のように近代化していなかった朝鮮側に不利に働いたことは事実である。だが後世言われるように、日本が朝鮮側にだけ関税自主権を認めなかったわけではない。少なくとも取り決めの上では日朝公平であり、朝鮮側も当時、問題とすることなく、これを受け入れた。

第十款　朝鮮国指定の各港に在留中の日本人が、罪を犯して被害者の朝鮮人と交渉する場合は、総《すべ》て日本国官吏の審判に任せること。朝鮮人が罪を犯して被害者の日本人と交渉する場合は朝鮮国官吏の調べに任せること。双方ともに自国の法律により公平な裁判を行なうこと。被疑者を決して匿《かくま》ったり庇《かば》ったりすることなく公平な裁判に努めること。

【解説】朝鮮国にとって、日本開港地での居留地設置、領事派遣、領事裁判権等の対日不平等性は条文上に存在していたが、朝鮮側はこれをまったく問題視しなかった。そもそも朝鮮には当初から日本以外の国と条約を結ぶ意思がなく、ゆえに「最恵国待遇に係《かかわ》る条文も記すに及ばず」としたのであった。

また、これに関連して、日朝修好条規付録の第五款では「朝鮮国人民、その政府の許可を得ば、日本国に来《きた》るも妨《さまたげ》なし」と規定している。事実、朝鮮人は神戸に来て商売をした。朝鮮の港に在留する日本人の権利を規定するこの第十款と読み合わせると、日朝の国民がいずれの国で罪を犯しても、それぞれ自国の法に基づいて裁かれることになる。つまり、いわゆる領事裁判権を相互に認め合っていた、と解釈できるのである。

4 条約は、その後の歴史をどう変えたか

●開国した朝鮮――近代化をめぐる国内の対立

李《り》朝は開国後、日本の近代化の有り様を視察するため、一八七六（明治九）年五月第一次修信使を、一八八〇（明治十三）年七月、第二次修信使を、一八八一（明治十四）年五月、紳士遊覧団を、それぞれ日本に派遣して来た。一方国内では、儒学者たちが開国反対を叫び、修信使派遣員からなる開化派を国賊として糾弾した。かくて、李朝政界は大院君（旧守）派と閔妃《びんひ》（開化）派に分かれ、相手方を罵倒して止《や》まない「党争」を激化させていった。

一八八一年には、日本は閔氏政権に対して、日本の提供する新式小銃で武装する近代的な部隊の編成を勧めた。朝鮮は、在来の軍から選抜した兵士八〇名を別技軍《べつき》として編成

し、日本軍人を教官にして訓練を始めた。だが別技軍は、在来軍兵士たちの誇りを傷つけ、恨《うら》みを買う存在となった。

一八八二（明治十五）年七月、待遇に不満をもつ在来軍兵士が漢城《かんじょう》（現ソウル）で反乱を起こした。兵士の反乱は、閔氏の政治に不満をいだく民衆を巻き込み、大暴動に発展した。兵士と民衆は、王宮、閔氏一族の屋敷、官庁を襲撃する一方、日本公使館を襲撃した。これらの暴徒によって、日本の軍事教官、巡査、語学留学生たちが殺害された（壬午《じんご》事変）。閔氏に代わって再び政権の座についた大院君は、開化政策を廃し復古的な政策にもどった。

●「朝鮮は自主の国」の意味を理解しなかった朝鮮

日本政府は、朝鮮政府に対し、暴動の被害を受けた日本人への謝罪と補償を求める交渉をしようとしたが、大院君は、交渉を拒否した。一方、軍の派遣要請に応じた清は、軍艦各三隻と兵士三〇〇〇名を仁川《じんせん》から少し離れた馬山浦《まさんぽ》に進駐させた。日本軍が仁川に軍を集結させたのと同じ八月二十日であった。清軍は大院君を捕えて天津《テンシン》に連行し、閔氏一族は、再び政権の座についた。清国は、朝鮮の首都漢城に軍隊を駐屯させ、武官を派遣した。

一八八二年十月、清は朝鮮に強制して「清国朝鮮商民水陸貿易章程」を結ばせた。そこには、朝鮮が清の属国であることが明記されていた。壬午事変とその後に起きた一連の出来事は、日朝修好条規第一款にある「朝鮮は自主の国である」の意味を理解できず、事大主義に走った朝鮮の政権担当者たちが招いた当然の帰結であった。

5 条約をめぐるエピソード

●「江華島事件《こうかとう》」に関わる、雲揚《うんよう》号挑発説への疑問

江華島事件は、その原因を「雲揚号による武力挑発」に求める論説が、広く伝わっている。だが、はたして、そうなのだろうか。これについて筆者（荻原）は疑問を禁じえない。

まず、事件当時の状況は、以下のとおりである。

一八七五（明治八）年日本は、近い将来同国と国交回復する際に重要案件となる開港予定地を事前に研究しておく必要から、朝鮮半島の西側海岸を遼東《りようとう》半島の牛荘《ニユウチヤン》（同半島の付け根付近）まで測量するよう「雲揚」の井上良馨《いのうえよしか》艦長に下命した。「雲揚」は、九月十

九日、朝鮮半島の沖合いを航行していたが、携帯清水《せいすい》の先行き消費量を「胸算」した井上艦長が、清水補給のため（大航海時代以来、未知海洋域への探検航海で、携帯清水の半減期を迎える地点を、「引き返し不能地点 Point of No Return」と呼ぶ。その半減期を迎える前に清水補給しておくことは「航海術の鉄則」であった）、江華島付近に「雲揚」を停泊させた。

翌二十日、同艦長は清水補給のため自ら短艇に乗り込み、江華水道に乗り入れた。そのとき突然、同島守備隊から発砲を受け、急ぎ帰艦して応戦した。さらにその翌日、報復のため永宗島《ヨンジョン》を砲撃し、長崎に帰還した井上艦長はその顚末《てんまつ》を直《ただ》ちに東京政府に打電した。

上記の点を踏まえた上で、筆者が「挑発説」ではなく「偶発説」を採る理由は、以下の点によるものである。

1、雲揚号はわずか二五〇トンの小艦であり、仮に同号が挑発したとして、朝鮮国側の反撃で撃沈された場合、味方僚艦が随伴していなければ、味方目撃者を欠くことになる。よって、同国側からの非難・糾弾に反論できず、その賠償要求にも対抗できない。

2、軍事挑発ならば、副長を短艇に乗せて行かせて、井上艦長自身は本艦に残り、次の瞬間起きるであろう海戦の総指揮を執るのが軍事常識である。だが、雲揚号はそのような態勢をとっていなかった。

3、同号ボートは、清水を陸地に求めて、江華水道を遡行した無害通行にあたる。無害通行中の外国ボート（それもたった一艘）に向かい、江華島守備隊の方から何らの誰何《すいか》・警告もなしに発砲したのであるから、交戦開始の非は、明らかに朝鮮側にある。

●朝鮮との交際は日本のためにならないと見抜いていた福沢諭吉《ふくざわゆきち》

福沢諭吉《ふくざわゆきち》は、一八七五年十月七日の『郵便報知』に、朝鮮と国交を結んでも日本が得るものは何もないと主張する一文を寄せている。その要旨は次の通りである。

――朝鮮との交際を論ずるには、まず朝鮮の国柄を知らねばならない。朝鮮は亜細亜の中の一小野蛮国であり、その文明の有様は日本に遥かに及ばない。このような国と貿易をしても利は得られない。朝鮮の学問のレベルは低い。兵力も怖れるに足りない。仮に朝鮮が我が属国になることを求めてきても、喜ぶべきではない。朝鮮との交際は、日本の独立の助けに少しもならない――。

福沢諭吉は、そのような国と交際しても得るものは何もないと考えていた。もっとも福沢は、朝鮮を近代化しようとする金玉均《きんぎょくきん》らの開化グループが現われたとき、これに対して物心ともに惜しみない支援をした。初めての新聞『漢城旬報』（漢字紙）が、一八八六（明治十九）年、漢字とハングルを交えた『漢城週報』に改められた際、その印刷に使われたハングル活字は、福沢諭吉が日本の築地《つきじ》活版所に作らせ、門下の井上角五郎《いのうえかくごろう》が朝鮮に持ち込んだものだった。

その福沢が『時事新報』社説に、「我が国は隣国の開明を待ちて、共にアジアを興すの猶予がない」として「脱亜論」を説いたのは、福沢が希望を託した開化派の金玉均、朴泳孝《ぼくえいこう》、徐載弼《じょさいひつ》らが一八八五（明治十八）年十二月、甲申《こうしん》事変を起こして失敗し、朝鮮から一掃された数カ月後のことであった。

（上原　卓・荻原貞夫）

6　日英通商航海条約（「不平等条約」改正）

一八九四（明治二十七）年七月十六日
一九一一（明治四十四）年四月三日

1　イントロダクション

幕末、ペリー来航に始まり欧米列強は、日本に開国を迫り次々と押しかけて来た。江戸幕府はこの圧力に屈して開国し、不平等な条約を結ぶこととなった。明治維新を経て政権を引き継いだ新政府は、国を挙げてこの改正に取り組み、歴代内閣は最重要課題として各国と交渉を重ねるが、ことごとく失敗に終わった。

これを改正したのは、陸奥宗光《むつむねみつ》と小村寿太郎《こむらじゅたろう》の二人の外相だった。一八九四（明治二十七）年、陸奥はイギリスと安政年間に締結した「日英修好通商条約」における領事裁判権を撤廃させ、条約の名称を「日英通商航海条約」と改称した。さらに一七年後の一九一一（明治四十四）年、小村がイギリスから関税自主権を取り戻し、「新通商航海条約」を結ぶことで、ほぼ対等な条約とするにいたった。

2　条約調印への道

●失敗を重ねた明治政府の働きかけ

江戸幕府は、一八五八（安政五）年、「日英修好通商条約」を締結した。「安政五カ国条約」と呼ばれる不平等条約のひとつである。その内容は、神奈川、箱館、兵庫、長崎、新潟、江戸、大阪の五港二市を開き、そこでの輸出入を許可し、最恵国待遇を認め、イギリスに領事裁判権を与えるものだった。関税率については、一八六六年に調印された「日英改税約書」において、輸出入税ともに5％賦課を原則としていた。

明治政府は、粘り強く改正交渉を試みたが失敗を繰り返した。領事裁判権とは、我が国が欧米風の法律や裁判制度が整っていないという理由で、外国人についての裁判権はその国の駐日領事が持つという取り決めである。一方、関税自主権とは、関税を自国で自由に設定できる権利をいう。幕末の条約は、先進国が自国の通商保護のために、日本の未熟な国際知識に乗じて自分たちに都合のよい関税率を一方的に押し付けたものである。

維新成立直後、明治天皇は詔勅《しょうちょく》をもって、条約改正が開国第一の事業であると示した。これを受けて岩倉具視《いわくらともみ》を団長とする遣米欧使節団は、欧米諸国を歴訪して（一八七一〜七三年）改正を打診するが、各国とも応じなかった。

寺島宗則《てらじまむねのり》が外務卿《がいむきょう》であった一八七七（明治十）年、領事裁判権の実態を痛感させられる事件が起きた。イギリス人ハートレーによるアヘンの密輸が発覚したにもかかわらず、領事裁判所において、たんなる薬品の持ち込みにすぎないとして無罪判決が下ったのである。この事件は「ハートレー事件」と呼ばれる。

替わった井上馨《いのうえかおる》外務卿は、日本を一日も早く欧米同様の文明国とすべく、鹿鳴館《ろくめいかん》の夜会に象徴される欧化政策を強力に進めていった。井上は、「体格劣等の日本人はどんどん白人と結婚すべし」と唱え、文相を務めた森有礼《もりありのり》は、「国語を英語とすべし」とまで主張した。しかし、行き過ぎた政策は国民の強い反発を招いた。

こうした中、一八八六（明治十九）年、衝撃的な事件が起こる。イギリス船ノルマントン号が紀伊大島沖で沈没事故を起こした際、イギリス人船長は、西洋人の船員、船客全員を避難させたのに対し、日本人船客二五名すべてを見殺しにして水死にいたらしめた。ところが、船長に下された判決はわずか三カ月の禁固刑という軽いものだった。

一八八八（明治二十一）年、外相に就任した大隈重信《おおくましげのぶ》も領事裁判権の撤廃を図ったが、その改正案は、なお外国人判事の任用を認めていた。この「大隈改正案」が、『ロンドン・タイムズ』に掲載され、さらに翻訳されて新聞『日本』に載ると、日本国内で大反対が起こった。ところで、このときの『ロンドン・タイムズ』への掲載は、これまでタイムズ社のスクープとも、小村による漏洩とも憶測されてきたが、実は大隈自身が書かせたものであったとうかがわせる書物が、同社の東京通信員だったヘンリー・スペンサー・パーマーの孫の樋口次郎《ひぐちじろう》氏により出版されている（『条約改正と英国人ジャーナリスト』一九八七年、思文閣出版）。パーマーは、横浜に近代水道を敷設《ふせつ》したことで知られているが、もうひとつ、井上と大隈から「日本の近代化を裏面から支援するジャーナリスト」としての役割を託されていた。このパーマーの通信が発端となり、改正中止へ繋《つな》がるという不本意な結果となってしまった。

大隈の後を継いだ青木周蔵《あおきしゅうぞう》外相は、ほぼ対等な改正案を作り、合意目前にまで持ち込んだが、このとき、国賓として来日中のロシア皇太子に巡査の津田三蔵《つださんぞう》が斬りつけるという「大津事件」が起こった（一八九一年）ため、青木は責《せき》を負って辞職し、改正交渉は頓《とん》挫《ざ》してしまった。

●領事裁判権を撤廃させた、陸奥《むつ》による最初の改正

一八九二(明治二十五)年、第二次伊藤博文《いとうひろぶみ》内閣の外相に陸奥宗光が就任した。当時イギリスは、植民地支配と交易で得た財力に加え、圧倒的な海軍力を背景にパックス・ブリタニカ(英国支配下の平和)の時代を築き、最大の通商国となっていた。陸奥はこのイギリスに対して、領事裁判権の撤廃に成功する。一八九四(明治二十七)年七月十六日、ロンドンにおいて、青木周蔵駐英公使とキンバーレー外相の間で、あらたに「日英通商航海条約」が調印された(実施は一八九九年)。

この改正で、領事裁判権は「内地開放」と引き替えることにより撤廃された。「内地開放」とは、外国人居留地などの外国人に対し、制限を撤廃して日本国内における自由な居住・旅行・営業等を許可することをいう。

歴代の内閣がことごとく失敗してきた交渉に、なぜ陸奥が成功できたのか。イギリスが改正に応じた要因は、三つが考えられる。一つには、世界の一等国となるべく、内閣制度、憲法発布《はっぷ》、議会開設と次々に西洋的な政治制度を導入し、その運営に成功してきた日

本の国力を、認めざるを得なくなってきたことがある。二つ目はイギリス側の事情である。イギリスは、それまで我が国との交渉で条約改正に賛意を表さなかったが、ロシアのシベリア鉄道建設によりその東方侵略が露骨となると、態度を変えるようになった。ロシア帝国の南下政策への警戒から、日本の軍事力に期待したのである。最後に、交渉に臨んだ陸奥の毅然《きぜん》たる方針が挙げられる。陸奥は、歴代の内閣が改正を急ぐあまり、時に相手国の意を入れようとして国民の強い反発を招き、交渉半ばで挫折《ざせつ》した例を踏まえ、あくまで対等な条約を目指した。

●関税自主権を取り戻した小村《こむら》による二度目の改正

第二次桂太郎《かつらたろう》内閣で二度目の外相となった小村寿太郎は、一八九九（明治三十二）年に実施された前記「通商航海条約」の有効期限一二年が、一九一一（明治四十四）年に満了を迎えるのを機に、関税自主権の回復を図った。陸奥の改正から一七年の間に、日清、日露の二つの戦争における勝利によって、日本に対する世界の評価は大きく変化していた。イギリスとの関係も、日英同盟により好転していた。とはいえ国益がぶつかり合う関税交渉は難航したが、ようやく合意に至り、一九一一（明治四十四）年四月三日、新たな「通商航海条約」が締結され、同年七月十七日に発効した。

幕末の「日英修好通商条約」以降、我が国に関税自主権はなかった。イギリスは、無税品も含めて平均10％以上で自国産品を保護する一方、日本に対しては一律5％以上の関税をかけられない制限を課した。この結果、我が国の歳入《さいにゅう》に占める関税額がわずか4％なのに対し、イギリスの歳入は26％が関税収入というものだった。このことが、開国以来、いったいどれほどの損害を我が国にもたらし、どれだけ自国産業の発展の足かせとなってきたことか、計り知れないものがある。

3 条文

ここでは一九一一年締結の「通商航海条約」を掲げる。この条約は全二七カ条の本文と付属税表から成り、要旨は次の通りである。主要部分に絞って紹介する。

第一条　両締約国は、旅行、居住、商業及び製造業について内国臣民と同一待遇とする。産業、生業、職業及び修学研究については最恵国待遇とする。動産、不動産の取得については、互いに国内法の範囲内で最恵国待遇を与えられる。

6　日英通商航海条約（「不平等条約」改正）

第二条　両締約国の国民は、相手国で兵役を免除され最恵国待遇を与えられる。
第三条　両締約国の国民は、家宅、倉庫、製造所他の不可侵の権利を有する。
第四条　両締約国は、領事官を置くことができる。
第五条　領事官は、死亡した自国民に相続人がいない場合はその財産管理権を有する。
第六条　両締約国は、相互に通商及び航海の自由について内国臣民と同一待遇とする。
第七条　生産又は製造に係わる物品は、最低率の関税とし、禁止、制限を加えてはならない。
第八条　両締約国の輸入は付属税表による。実施後一年の経過で関税の修正通告ができる。
第九条　輸出品の課金及び禁止、制限については最恵国待遇とする。
第十条　生産又は製造に係わる内地通過税は免除される。
第十一条　内国税については、内国品に対するより多額の負担を課してはならない。
第十二条　商工業者は最恵国待遇を与えられ、見本品の輸入税は一時無税とされる。
第十三条　輸出において、税関の発給する見本品の証明書をもって税関検査を免除される。

第十四条　（以下省略）

4　条約は、その後の歴史をどう変えたか

●不平等条約を改正し独立国の仲間入りをした日本

まず一八九四年の領事裁判権の撤廃により、日本は列強とほぼ対等な関係を築くことに成功し、法権の上で独立国の仲間入りをした。陸奥はロンドンの青木公使から「明日には新条約に調印することができる」との電報を受け取った日のことを、自身の回想録『蹇蹇《けんけん》録《ろく》』に、次のように記している。

「そもそも条約改正の大業は、明治維新以来の我が国の願いであり、これを完成しないうちは、維新の偉大な実績もまだ完成していないというのが、我が国全体の一致した意見だった。……ロンドンにおける条約改正の事業は、多くの困難の中から僅かな活路を切り開いて進んできたもので、今ようやく目標を達成する時を迎えた」

一方、一九一一年に関税自主権を取り戻せたことは、文字どおり国力の増強に繋《つな》がっていった。幕末に結んだ条約での税率は、長い間我が国の関税収入を不当に少なくさせてきた。同時に、外国生産品に対する国産品の競争力を奪い、日本産業の発達を著《いちじる》しく阻害《そがい》

してきた。このような状況にあって、我が国はよく持ち堪《こた》えて、国内産業を発展させていったのである。

5 条約をめぐるエピソード

●李鴻章《りこうしよう》からの侮蔑《ぶべつ》に「大男《おおおとこ》総身《そうみ》に知恵が回りかね」と応酬した小村寿太郎《じゅたろう》

ロシアとのポーツマス条約（一九〇五年）をまとめ上げ、一九一一年には条約改正を成し遂げた小村は、稀代《きたい》の交渉家だったが、その豪胆振りを示すエピソードにも事欠かない。

一八九三（明治二十六）年秋、小村は駐清代理公使として北京に赴任した。当時清国きっての実力者は、北洋《ほくよう》大臣の李鴻章《りこうしよう》だった。大柄な偉丈夫だった李は、列国公使が居並ぶ宴席で小柄な小村に向かって、「こう見渡したところ、閣下が一番小さくていらっしゃる。貴国人は皆閣下のように小さい人ばかりですか」とからかった。これに小村は「いや閣下のように体の大きな男はおりますが、多くは愚鈍《ぐどん》の者です。我が国では、『大男総身に知恵が回りかね』というくらいで、彼らはとても通常の仕事に堪えませんので、やむなく相撲などとらせて生計の道を与えております」と微笑して応酬した。李は返す言葉もなく、きまり悪そうに引き下がった。

小村の身長については、文献によって記述が異なるが、外務省の記録を紹介したい。ハーバード大学留学時の旅券発給書類（『海外旅券勘合簿 本省之部』第二巻、コピーは日《にち》南《なん》市所蔵、原本は外務省外交資料館所蔵）と、留学時の直筆カード（日南市所蔵）である。

これを見ると、身長は五尺一寸五分とあり、メートル法に換算すると、一五六センチメートルとなる。旅券に写真が貼付されるのは第一次世界大戦勃発後で、この頃は顔の特徴や身長が文字で記載されていた。

小村には、こんな話もある。駐露公使としてペテルブルク赴任時（一八九八年）の話である。着任の挨拶《あいさつ》で皇帝のニコライ二世に拝謁した後、皇太后に挨拶した。皇太后は、「皇帝陛下も、先年貴国で受けた傷が季節の変わり目には痛みます」と先の「大津事件」を持ち出した。公使が替わるごとに、嫌味をいうことを楽しみとしていたのである。ここでそれまでの公使は、恐縮して退席するのが常だったが、怯《ひる》む小村ではない。「日本にも欧州諸国と同様に、時には狂人が出て困ったものです」と軽く受け流し、以後皇太后は、このことに触れなくなったという。

（山﨑智子）

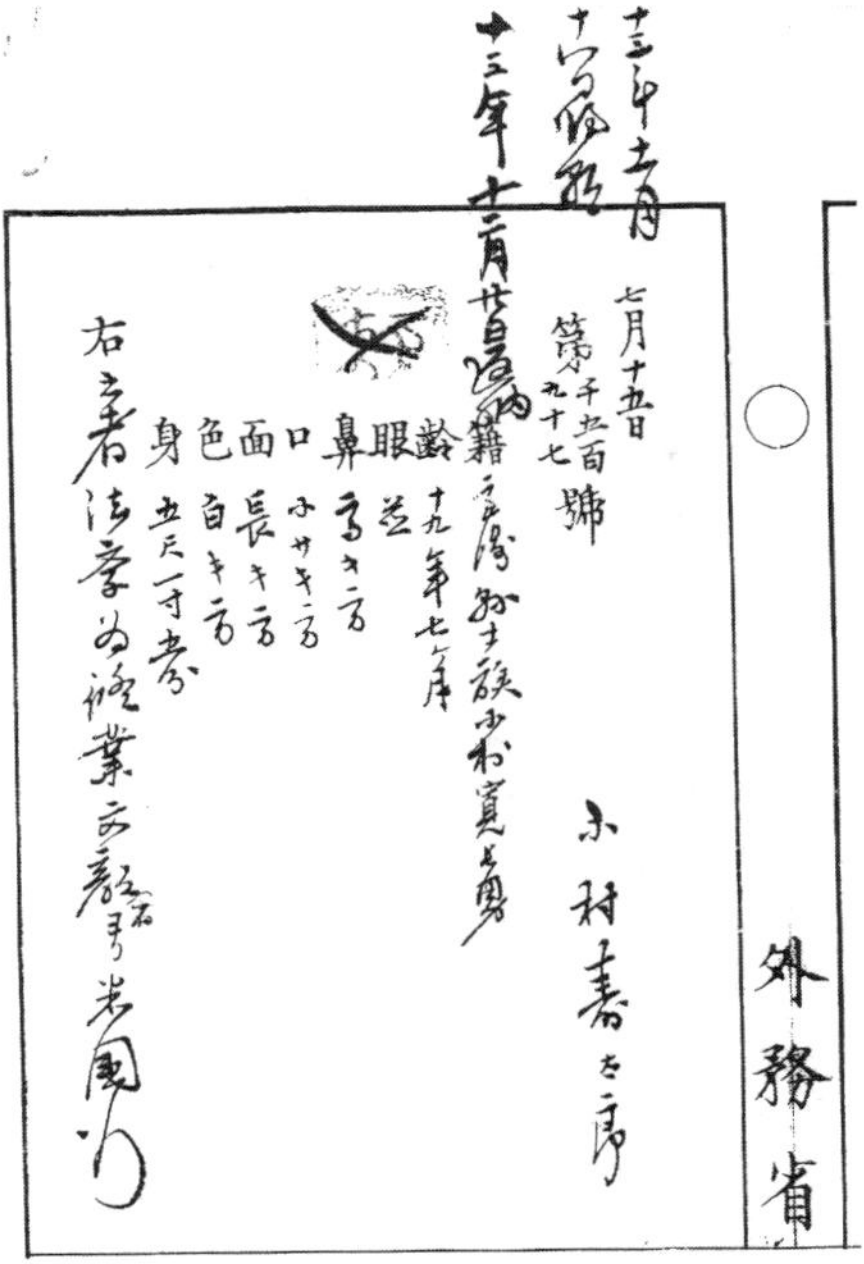

七月十五日
第千五百九十七號

小村寿太郎

籍
齢　十九年七ヶ月
眼　並
鼻　高キ方
口　小サキ方
面　長キ方
色　白キ方
身　五尺一寸余

外務省

（上）身長が記された小村寿太郎のパスポート発給書類
（下）ハーバード大学時代の小村の写真
（写真提供／日南市役所〈上下とも〉）

7　日清講和条約（下関条約）　一八九五（明治二十八）年四月十七日

1　イントロダクション

日清戦争後、一八九五（明治二十八）年四月十七日、山口県下関《しものせき》の春帆楼《しゅんぱんろう》において、日本側全権伊藤博文と清国全権李鴻章《りこうしょう》との間に締結された講和条約である。下関条約ともいう。

この条約の第一の目的は、第一条に示されるとおり、朝鮮を近代国家として自主独立の道を歩ませることにあった。第二は、領土の確定であり、清国は、遼東《りょうとう》半島、台湾《たいわん》、澎《ほう》湖《こ》諸島など付属諸島嶼《とうしょ》の主権を日本に割与した。

だがこの条約で日本に割譲された遼東半島が、その後の三国干渉によって清国に返還され、代わってロシアが租借《そしゃく》して大要塞を築き上げたことが、次の日露戦争の伏線となったことは周知のとおりである。

日清戦争にいたる経緯と、その後の東アジア世界と列強の関係を俯瞰《ふかん》しながら、この条約の位置づけを探っていきたい。

2 条約調印への道

●朝鮮をめぐる日清の対立

一八七六（明治九）年、朝鮮政府は、日本と日朝修好条規を締結した。その後、米英とも同様の条約を結び、国を開いた。そして金綺秀《きんきしゅう》や金弘集《きんこうしゅう》を明治日本に派遣し、その近代化政策や発展した状況を国王に報告させた。また、若い役人に日本の政府機関や産業・文化・教育施設などを視察させ報告書を提出させた。これらにより新たな専門機関や新式の軍隊などが設置され、開化政策は進展したが、守旧勢力は、西洋諸国や日本を野蛮人と見なし排斥運動を起こした。

一八八二（明治十五）年、守旧勢力は、政府の高官や日本人軍事教官らを殺害し日本公使館にも放火した（壬午事変《じんごじへん》）。宗主国の清は軍隊を送って大院君《だいいんくん》（国王・高宗《こうそう》の父親）を拉致《らち》し、軍事顧問や外交顧問を派遣して内政に干渉した。日本は朝鮮政府と済物浦《さいもつぽ》条約を結び、賠償金の支払いや公使館警備のための軍をおくことを認めさせた。壬午事変の後、清の内政干渉と守旧勢力の影響で、朝鮮近代化の運動は頓挫したが、福沢諭吉邸で決起した開化派（金玉均《きんぎょくきん》・朴泳孝《ぼくえいこう》・金弘集ら）は、日本の明治維新を手本として近代国家建設を目指した。

一八八四（明治十七）年、ついに開化派は政変を起こし（甲申事変《こうしんじへん》）、清に対し自主権を掲げ、門閥打破・租税制度の改革・官吏の不正の是正等の改革を主張して、近代国家を樹立しようとした。しかし、またも清軍の介入のため失敗に終わり、開化派の一部は日本に亡命、金玉均は上海で閔妃《びんひ》の刺客に暗殺され、遺体は分断のうえ各地でさらされた。

福沢諭吉は、東アジアの近代化に失望し『時事新報』で「もはや朝鮮や清と連携して西洋の進出に対抗することはできない、西洋社会のやり方に従い、つきあうしかない（いわゆる「脱亜論」）」と説いた。

その後、日本と清は天津《てんしん》条約を結び、朝鮮から両軍が引き上げるとともに、将来、軍を派遣する際にはお互い事前に通知することを取り決めた。

甲申事変の後、清はさらに内政干渉を強めたため、閔妃を中心とする朝鮮は、アメリカ、ついでロシアに接近した。南下政策を進めるロシアは、この好機をとらえて朝鮮と通商条約を締結、慶興《けいこう》（朝鮮北東部恩徳郡《おんとくぐん》）を租借するとともに、公使ヘーベルを通じて朝鮮政府内に親露的人脈を育成した。当時の朝鮮は、国民の10％が両班《ヤンバン》と呼ばれる貴族であり、農民は苛政《かせい》と重税に苦しみ、農民の大半を占める小作農は、借金に追われていた。政府への不信や不満は、東学党《とうがくとう》（西洋にうち勝つことを目的とする宗教的な組織）の農村への普及へとつながった。朝鮮政府は東学を邪教と見なし、運動を弾圧した。

●東学党《とうがくとう》の乱から日清戦争へ

一八九四（明治二十七）年、東学党の農民軍は、悪政打倒・貪官汚吏《たんかんおり》（欲が深く汚職する官吏）の懲罰、困窮生活の打開を叫び武装蜂起し、地方役所を襲って穀物倉庫を開き、政治犯等を解放した。そして政府軍を破り、全州《ぜんしゅう》（韓国全羅道《ぜんらどう》北部）を占領した（甲午《こうご》農民戦争）。

朝鮮政府は、袁世凱《えんせいがい》を通じて清に援軍を要請、清はすぐに三〇〇〇の兵を上陸させた。日本もまた天津条約を根拠に朝鮮に出兵した。その後、農民軍は朝鮮政府と講和し、反乱は沈静化した。日本は朝鮮の内政改革を共同で行なうことを清に提案したが、清はこれを拒否。これにより両国は宣戦布告、開戦した。

日本軍は、陸軍が成歓《せいかん》で清軍を撃破、平壌《へいじよう》の戦いに勝利して占領、後に日露戦争で激戦地となる旅順《りよじゆん》要塞もわずか一日で陥落させた。海軍も、黄海《こうかい》海戦において清国艦隊を撃破した。その後も日本軍は北上を続け、遼東半島全域を占領、北京への進撃態勢を整えた。南では台湾へも上陸した。

日本軍が連戦連勝する中、日清戦争の講和が始まる。清の全権は李鴻章《りこうしよう》、日本側は外相の陸奥宗光《むつむねみつ》である。陸奥は明治天皇に対して「将来、日清両国人民の間において怨恨《えんこん》の痕《あと》を断ち、従って我が国一視同仁《いつしどうじん》の主義を広く世界に発揚せしむるの趣意に基づきたり」と、条約案を奏上している。元々、明治天皇は「我が本意に非ず」と宮中三殿における宣戦の奉告祭にも出席されなかったほどである。しかし最終的に、世論や元勲の意向を尊重し戦争指導に当たられた。一視同仁とは、「すべての人を平等に見て仁愛を施すこと」で、明治天皇の御意のとおりである。こうして一八九五年四月十七日に下関条約が締結された。

3　条文と解説

条文は一一条よりなるが、主要部分を現代文になおして掲げる。

7　日清講和条約（下関条約）

第一条　清国は、朝鮮国の完全無欠なる独立自主の国であることを確認する。よって独立自主を損害するような朝鮮国から清国に対する貢・献上・典礼等は、永遠に廃止する。

第二条　清国は、遼東半島、台湾、澎湖諸島など付属諸島嶼の主権ならびに当該地方にある城塁、兵器製造所及び官有物を永遠に日本に割与する。

第三条　前条に記した土地の境界線は、日清両国より各二名以上の境界共同画定委員を任命し実地について確定する。

第四条　清国は、賠償金二億両（テール）＊を日本に支払う。

＊　現在価値で銀一キログラムが一二万円程度なので、約八九五〇億円。当時の日本円にして三億六〇〇〇万円前後、当時の日本の国家予算（八〇〇〇万円）の四倍以上。

第五条　日本に割与された土地の住人は、自由に所有不動産を売却して居住地を選択することができ、条約批准二年後も割与地に住んでいる住人は、日本の都合で日本国民と見なすことができる。

第六条　清国は、沙市《さし》、重慶《じゅうけい》、蘇州《そしゅう》、杭州《こうしゅう》を日本に開放する。また清国は、日本に最恵国待遇を認める。
第七条　日本は三カ月以内に清国領土内の日本軍を引き揚げる。
第八条　清国は日本軍による山東省《さんとう》威海衛《いかいえい》の一時占領を認める。賠償金の支払いに不備があれば日本軍は引き揚げない。
第九条　清国にいる日本人俘虜《ふりょ》を返還し、虐待もしくは処刑してはいけない。日本軍に協力した清国人にいかなる処刑もしてはいけないし、させてはいけない。
第十条　条約批准の日から戦闘を停止する。
第十一条　（略）

〔解説〕この条約の第一の目的は、まさしく第一条に「清国は、朝鮮国の完全無欠なる独立自主の国であることを確認」とあるように、朝鮮をして清との宗属関係を絶ち、近代国家を目指して自主独立の道を歩ませることにあった。

朝鮮が近代国家として自立することは、日本の安全保障上、きわめて重要である。朝鮮半島が強大な大陸国家によって支配されるということは、対馬・壱岐《いき》を経て、日本に侵入される危険性が生じる。少なくとも日本を強国の影響下におくということである。本来は、朝鮮が自力で独立を果たすべきであったが、当時の朝鮮政府は、常に強国におもねり、独立への気概もまったくみられなかった。

第二の目的は、領土の確定であったが、第二条、三条において、清国は、遼東半島、台湾、澎湖諸島など付属諸島嶼の主権ならびに当該地方にある城塁、兵器製造所及び官有物を日本に割与した。ここには当初から、尖閣《せんかく》諸島の文言は存在しない。日本は当時、無主地に対する先占《せんせん》として領有した。つまり戦争に勝って取り上げたものではないことは明らかである。日本政府は、尖閣諸島を一八九五年一月に沖縄県の行政所管に入れた。

第三は、「清国にいる日本人俘虜を返還し、虐待もしくは処刑してはいけない。日本軍に協力した清国人にいかなる処刑もしてはいけないし、させてはいけない（第九条）」とあるように、この戦争が「文明と野蛮との戦い」（福沢諭吉、内村鑑三《うちむらかんぞう》らも「義戦である」と主張）であることを示すことにあった。

清国では、外国に協力した清国人や捕虜は凌遅刑《りょうちけい》でなぶり殺され、旅順では日本兵の遺体に対する陵辱《りょうじょく》が頻発した。凌遅刑とは、中国で行なわれた処刑法の一つで、生身の人間の肉を徐々に切り取り、数日間苦痛を与えたうえで死に至らしめる刑である。反乱の首謀者や重罪人に科され、処刑された人間の肉が食されたり、漢方薬として売られたりした。この刑罰は、李氏朝鮮においても謀反人などへの処刑法として実施されており、本人やその親族・子供まで残酷な処刑法で殺されたといわれる。清末には西洋のジャーナリストによって処刑の凄惨《せいさん》な様子が写真などで伝わり、その野蛮さが非難された。

ちなみに一九二〇年代の長江流域を舞台にしたハリウッド大作映画『砲艦サンパブロ』にも、スティーブ・マックィーン扮する主人公と親しくなった苦力《クーリー》が凌遅刑にされるシーンがある。

4 条約は、その後の歴史をどう変えたか

1、この条約によって、李氏朝鮮は清との宗属関係を絶ち、真の独立を果たし、大韓帝国となった。第二十六代の高宗が中国皇帝の臣下を意味する「国王」の称号を廃して、はじめて皇帝と称することができた。

2、下関条約の六日後、ロシア・ドイツ・フランスが強大な軍事力を背景に遼東半島の返還を求めた。この三国干渉の結果、清はかえって列強の餌食《えじき》にされる。日本が「東洋の平和のため」に清に返還した旅順・大連《だいれん》をロシアが租借、また、ドイツが膠州《こうしゅう》湾を租借

し青島《チンタオ》に拠点を作った。フランスが広州湾《こうしゅうわん》を租借、三国以外にもイギリスが威海衛《いかいえい》と九竜《きゅうりゅう》半島を租借した。また韓国は侮日派が優勢となり、ロシアに接近することとなる。

3、日本が清に遼東半島を返還すると、ロシアは三年後、この地に軍港をつくり艦隊を配備し、旅順一帯に東洋一の要塞を構築した。ロシアは一滴の血も流さず、強大な軍事力を背景に、策略にたけた外交政策でこの地を奪い取ったのである。一方、日本は「臥薪《がしん》嘗胆《しょうたん》」し、国民はさらに一丸となって富国強兵に励んだ。南下を続けるロシアは朝鮮半島北部に侵出、歴史は新たなる戦い、「日露戦争」へと進んでいく。

5　条約をめぐるエピソード

●「韓国国定歴史教科書」には「下関《しものせき》条約」は載っていない

下関条約によって李氏朝鮮は清の冊封《さくほう》体制から離脱して大韓帝国となり、第二十六代の高宗が、はじめて皇帝と称することができた。しかし、この事実は韓国ではまったく教えられていない。韓国の国定歴史教科書には、

「高宗は文武百官を従えて宗廟に出かけ独立誓告文を捧げ、洪範《こうはん》一四条を頒布した。独立誓告文は国王が国の自主独立を宣布した一種の独立宣言文であり、洪範一四条とは自主

権、行政、財政、教育、官吏任用、民権保障の内容を規定した国政改革の基本綱領であった」

とある。つまり、自ら独立を勝ち取ったと教えられている。独立とは、従属国が宗主国に対して独立戦争を起こし、勝ってはじめて可能となる。オランダやアメリカ合衆国の歴史を見るまでもない。朝鮮半島では、衛氏《えいし》朝鮮が漢の武帝に滅ぼされて楽浪《らくろう》郡など漢四郡がおかれて以来、実に約二〇〇〇年にわたり中国の植民地もしくは従属国として搾取されてきた。加えて当時の李氏朝鮮は内紛に明け暮れ、政治も経済も不安定で、大国にすり寄るばかり。明治日本は、隣国と力を合わせて清や西欧列強の脅威をはねのけ、ともに独立と繁栄の道を歩もうとしたが、隣国はどこまでも自分の足で立つことができない。やむなく日本が血を流して戦い、朝鮮を独立に導き、ここに初めて「大韓民国」が誕生した。これは歴史上の事実である。

さらに南下してくるロシアを日露戦争で日本が破らなければ、朝鮮半島は、ロシアの属領となって軍港や基地が置かれ、国民の一部は酷寒のシベリアや中央アジアなどに強制移住させられたことであろう。

●日清戦争での人道主義・日本赤十字社の活躍

一八六七（慶応三）年、パリの万国博覧会に派遣された佐賀藩士の佐野常民《さのつねたみ》は、展示されていた赤十字社の患者輸送車や救急馬車・担架などに注目した。そこで「戦場で傷ついた人を、敵味方の区別なく救う」赤十字の思想に触れ、強い感銘を受けた。一八七七年（明治十年）、西南戦争が勃発、政府軍と鹿児島士族との戦闘で多くの死傷者が出た。このとき激昂《げっこう》する政府軍の兵が、薩摩兵の傷病者を斬殺する事件が起きた。佐野は、赤十字のような組織の設立が焦眉《しょうび》の急と考え、救護団体「博愛社《はくあいしゃ》」の設立趣意書を作成、同年五月三日、熊本の司令部の征討総督有栖川宮熾仁《ありすがわのみやたるひと》親王に上奏、設立許可を得たのである。この日は日本赤十字社の創立記念日と定められた。

日清戦争では、軍の依頼を受けた日赤が看護婦を国内の軍病院に派遣、一四四九人の清国捕虜を収容し手厚く看護した。病院船でも多数の清国兵の看護に当たった。新島八重《にいじまやえ》も二十数名の看護婦を率い、参加した。また日赤は、戦地にも九八七人の救護員を派遣し、一〇万人余りの傷病兵の救護にあたった。このとき敵味方を問わず、戦場で傷付いた兵士を助けた行為が、世界各国から賞賛されたのである。

（松浦明博）

8　第一回日英同盟協約（日英同盟）

一九〇二（明治三十五）年一月三十日

1　イントロダクション

日露戦争直前から第一次世界大戦終結までの約二〇年間にわたり、日本の外交政策の基盤となったイギリスとの軍事同盟。第一回日英同盟は、一九〇二（明治三十五）年一月三十日にロンドンで調印され、即時に発効した。その後、第二回（一九〇五年）、第三回（一九一一年）と継続更新されたが、アメリカの提唱による四《し》カ国条約が締結されたのに伴い、一九二三（大正十二）年八月十七日に失効した。当初はロシアを共通の敵国とし、日本の安全と繁栄に大きく役立ったが、その後、二度にわたり更新されていく中で、ドイツを共通の敵国とするものへと変化していった。

2　同盟調印への道

●ロシアの東方進出により、日本を必要としたイギリス

十九世紀の末、不凍港を求めて東アジアに目を向け始めたロシアは、一八九一（明治二十四）年に大陸を横断するシベリア鉄道の建設に着手し、東方進出を本格化させた。東アジアに多くの利権を有するイギリスは、こうしたロシアの動きを警戒し、両国の対立が深まっていった。

そのような中で、一九〇〇（明治三十三）年に中国で義和団《ぎわだん》事件が起こった。山東省《さんとう》で蜂起した数万の義和団は、宣教師や外交官を殺害し、北京の各国公使館を包囲したが、これに対してイギリス、フランス、ロシア、日本など八カ国が軍隊を派遣した。各国の外交官などが北京に籠城していたとき、日本軍の勇敢さと規律のよさが世界中に報道され、イギリスの日本に対する信頼感が増大した。

一方で、義和団事件が鎮圧され、各国の軍隊が引き上げるなか、ロシアは二万の兵を満洲に送り込み、そのまま居座り続けた。当時のアジアでは、フランスが清仏戦争によりインドシナの支配権を確立し、イギリスも四〇〇年以上続いたビルマの王朝（コンバウン朝）を滅亡させ、同地での完全支配を確立していた。アジアでの植民地獲得のあと、イギリス

は、その矛先をアフリカに向けた。一八九六年、ザンジバル・スルタン国で反英的指導者による内紛が起きると、イギリスは親英派を援助して同国政府を艦砲射撃（イギリス・ザンジバル戦争）。次いで、南アフリカで金・ダイヤモンド鉱脈が発見されると、アフリカ南部に新植民地を獲得しようと、トランスヴァール・オレンジ両共和国に侵攻した。（第二次ボーア戦争、一八九九～一九〇二年）こうしたことから、極東におけるロシアの進出に対応することが困難になっていたイギリスは、急速に日本に接近することになった。

●満韓《まんかん》交換論と小村寿太郎の意見書

日本では、三国干渉のあと自国の安全を保障するための同盟を、ロシアと結ぶかイギリスと結ぶかの選択を迫られ、政府の中でも意見が対立していた。論争の焦点は、ロシアについての見方であったが、元老の伊藤博文らは、日本がロシアと衝突しても勝ち目がないので、ロシアに対して満洲と韓国での双方の利権を交換することにより、互いに対立を避けるという妥協策（満韓交換論）を主張した。

一方で外交官の小村寿太郎《こむらじゅたろう》が提出した意見書は、ロシアとの同盟は、一時的には東洋の平和を維持できるであろうが、ロシアの侵略主義は到底これに満足しないから、長期的な保障とはならない。これに対して、アジアにおけるイギリスの目的は領土拡張ではなく、現状維持と通商利益であるから、イギリスと同盟関係を結べばロシアの野心を制して、比較的長く東洋の平和を維持できる、というものであった。

これがそのまま日本政府の方針となり、一九〇二（明治三十五）年一月三十日、日英同盟のための協約がイギリスの首都ロンドンにおいて、林董《はやしただす》駐英公使とペティ＝フィッツモーリス外相により調印された。これを第一回日英同盟協約という。

3　条文と解説

第一回日英同盟協約（筆者による現代語訳）

日本国政府と大ブリテン国（英国）政府は、何よりも極東における現状と全局面での平和を維持することを希望し、かつ清帝国及び韓帝国の独立と領土保全とを維持すること、及びこれら二カ国において各国がその商工業を均等に行なう機会が得られるようになることに関して特に利益関係を有することから、ここに左のように協約するものである。

第一条　両締約国は、相互に清国及び韓国の独立を承認したことをもって、これら二カ国のいずれに対しても侵略を目論むことは絶対にないということを声明する。しかしながら、両締約国の特別な利益については、これを考慮する。すなわち英国は主として清国に関して利益を有し、また日本国は清国において有する利益に加えて韓国において政治上、商業上、そして工業上格段の利益を有しているが、もしも（日英以外の）別国による侵略的な行動により、あるいは清国または韓国において両締約国のいずれかがその国民の生命や財産を保護するために干渉せざるを得ないほどの騒擾《そうじょう》が発生したことにより、これらの利益に対する侵害が切迫した場合には、両締約国のいずれもこれらの利益を擁護するために必要不可欠な措置をとることができることを承認する。

第二条　もしも日本国または英国の一方が、ここに記した自国の利益を守るために別国と戦闘状態に入った時には、他の一方の締約国は厳正に中立を守るとともに、その同盟国に対して他国が交戦に加わることを妨げるよう努めなければならない。

第三条　右記の場合において、もしも他の一カ国または数カ国がその同盟国に対して交戦に加わる時には、他の締約国はやって来て援助を与え、協同して戦闘にあたらなければならない。講和についても、その同盟国と相互に合意した上でなされなければならない。

第四条　両方の締約国は、いずれも他の一方との協議を経ることなく他国と右記の利益を害するような別の協約を結ばないことをこの協約において定める。

第五条　日本国もしくは英国において右記の利益に対する危害が切迫していると認める時は、両国政府は相互にためらうことなく通告しなければならない。

第六条　この協約は調印の日から直ちに実施し、その期日から五カ年間にわたり効力を有するものとする。（以下略）

【解説】 この第一回日英同盟協約は、その前文で清国及び韓国の独立と領土保全の維持、及びこれら二カ国における商工業の機会均等を狙いとしていることを明記している。そして、締約国が清国及び韓国における自国の利益を守るために他の一国と戦争状態に入った場合、同盟国は中立を守ることで他国の参戦防止に努め、二国以上と戦争状態に入った場合、参戦することが義務づけられた。

条約の有効期間は五年間とされ、期間満了の一年前にどちらからも廃棄通告がなければ引き続き有効であるとされた。

4 同盟は、その後の歴史をどう変えたか

●日英両国海軍の協同関係

第一回同盟協約の調印と併《あわ》せて、日英間で次のような書簡が交換された。

一、日本国政府（英国政府）は、日本国（英国）海軍が平時においてなるべく英国（日本国）海軍と協同して行動すべきであることを承認する。したがって、その一方の軍艦が他の一方の港内においてドックに入ること及び石炭の搭載、その他両国海軍の安寧と効力に資すべき事項については、相互に便宜を与えなければならない。

二、現在、日本国と英国はどちらも極東において、いかなる第三国よりも実力上優勢な海軍を維持しつつある。そして、日本国（英国）はできるかぎり極東の海上において、いかなる第三国の海軍よりも優勢な海軍を集合させることができる態勢を維持するよう努めていくことを約束する。

この申し合わせに基づいて両国海軍同士の秘密協議も進められ、日本はロシアとの戦争に単独で臨《のぞ》み、イギリスには軍事援助よりも財政援助を期待することを伝えると、イギリ

スも好意的中立を約束した。さらに、日露開戦後のイギリスは、中立を装いながら諜報活動やロシア海軍への非協力などで積極的に日本を助けた。

例えば、イギリスは艦砲の射撃能力を高める最新式の照準器具を日本にだけ売り、ロシアには売らなかった。また、バルチック艦隊の遠洋航海に際しても、スエズ運河の通航を許可せず、良質な石炭の売却やイギリス籍の船舶による物資輸送を拒んだ。

そうした要因もあって、日本海軍の連合艦隊はロシア海軍のバルチック艦隊を日本海で撃滅し、これによりポーツマス講和会議への道が開かれた。

●日英同盟協約の更新と性格の変化

このように最初は極東におけるロシアを共通の敵国としていた日英同盟であったが、その後、第二回、第三回と更新されていく中で、利益を防護する地域や共通の敵国が変化していった。第二回日英同盟協約は、日露戦争末期の一九〇五（明治三十八）年八月十二日に調印された。この協約では、日英両国の特殊利益を防護する地域が清国・韓国からインドにまで拡大された。日本の朝鮮半島に対する支配権とイギリスのインドにおける特権を互いに認めあうことや、清国に対する両国の機会均等が定められ、さらに、締結国が他の一国以上と戦争状態に入った場合、同盟国はこれを助けて参戦することが義務づけられた。

だが、日露戦争の後、日英露の接近を警戒するアメリカの対日世論が悪化していくと、一九一一（明治四十四）年七月十三日に調印された第三回日英同盟協約では、イギリスがアメリカと交戦する可能性をなくすため、アメリカを交戦相手国としないことが定められた。これはアメリカからの強い要望によるものであった。

●第一次世界大戦への参戦と同盟の失効

一九一四（大正三）年に第一次世界大戦が始まると、日本は第三回日英同盟協約により連合国（協商）側についてドイツに宣戦布告し、ドイツの租借地であった山東半島の青島《チンタオ》や、太平洋上の赤道以北の島々を占領した。また、ドイツの潜水艦が連合国側の商船を警告なしに攻撃しはじめると、日本はイギリスからの要請に応じて駆逐艦の艦隊を地中海に派遣し、マルタ島を基地として連合国側艦船の護衛に当たった。

一九一八（大正七）年に第一次世界大戦が終結すると、中国市場に割り込もうとしていたアメリカは、日本とイギリスの分断をはかり、日英同盟の廃棄を工作した。それが、一九二一（大正十）年から翌年にかけて開かれたワシントン会議であり、そこで締結された日本、イギリス、アメリカ、フランスによる四カ国条約であった。

イギリスは日英同盟の継続を望んでいたが、第一次世界大戦で多額の戦費を借りているアメリカからの強い要求を拒否することができなかった。また、日本の全権・幣原喜重郎《しではらきじゅうろう》は、四カ国条約が平和を求める各国の希望であるとして、受け入れてしまった。これにより、一九二三（大正十二）年八月十七日、日英同盟は失効した。

こうして、日本は唯一の欧米列強との同盟関係を失い、その後は国際社会の中で孤立していくことになる。

5　同盟をめぐるエピソード

●義和団《ぎわだん》事件と柴五郎《しばごろう》中佐

一九〇〇（明治三十三）年、義和団の蜂起を知った北京の各国外交団は居留民保護のため、天津《てんしん》の外港に停泊していた各国の軍艦から、約四〇〇名の陸戦隊を北京に呼び寄せた。日本からも軍艦「愛宕《あたご》」の水兵二五名がこれに参加した。

北京では、義和団が北京に押し寄せる数日前、各国の公使館付き武官や陸戦隊指揮官らがイギリス公使館に集まって、具体的な防御計画を話し合ったが、その総指揮を執ったのがイギリス公使クロード・マクドナルドであった。

同年六月十三日、公使館区域に約五〇〇名の義和団が襲いかかり、さらに隣接する中国人キリスト教徒多数を惨殺した。警備していた清国軍も義和団側について公使館区域を砲撃した。その際、軍人出身のマクドナルド公使は、公使館区域でももっとも激しい戦闘を進んで引き受け、わずかな手勢で暴徒や清国兵をことごとく撃退する日本公使館の駐在武官・柴五郎中佐に驚嘆した。さらには、その指揮下の日本兵たちの勇敢さと礼儀正しさに大いに心を動かされ、柴中佐にイギリス人義勇兵を指揮させ、そしてイタリア大使館が焼け落ちるとイタリア兵二七名も中佐の指揮下に入れた。

どのような苦境にあっても冷静沈着な会津出身の柴中佐と、明るく忍耐強い日本兵の姿に、共に籠城する各国兵士は大いに士気を鼓舞された。その優れた戦術能力も各国武官の認めるところとなり、作戦を計画するにあたっては、いつでも柴中佐に意見を求めるようになった。砲兵出身で情報勤務も豊富な柴中佐は、北京城及びその周辺の地理を調べ尽しており、間者《かんじや》を駆使した情報網も作り上げていた。そうして、五五日に及ぶ籠城戦を持ちこたえたのであった。

義和団鎮圧後、各国の軍隊では掠奪《りゃくだつ》、暴行が多発し、その中でももっとも甚《はなは》だしかったのがロシア軍であったが、日本軍ではそのようなことは一切なく、規律正しく行動していた。

イギリスの『スタンダード』紙は、社説で「義和団鎮圧の名誉は日本兵に帰すべきである、と誰しも認めている。日本兵の忍耐強さ、軍規の厳正さ、その勇気潑剌《はつらつ》たるは、真に賞賛に値するものであり、かつ他の追随を許さない」と賞賛した。

同じく『ロンドン・タイムズ』もその社説で「籠城中の外国人の中で、日本人ほど男らしく奮闘し、その任務を全《まっと》うした国民はいない。日本兵の輝かしい武勇と戦術が、北京籠城を持ちこたえさせたのだ」と報じた。

義和団事件の翌年、マクドナルド公使は、夏の賜暇休暇でロンドンに帰ると、英国首相ソールズベリー侯爵との会見を重ねながら、日本公使館に林董公使を訪ねて日英同盟の構想を語り、日本側の意向を打診した。公使はイギリス側の熱意を示し、以後のすべての交渉にも立ち会った。それからわずか半年後に、日英同盟が締結されたのである。

（家村和幸）

9 日露講和条約（ポーツマス条約）一九〇五（明治三十八）年九月五日

1 イントロダクション

一九〇五（明治三十八）年九月五日、日露戦争の終結のために日本とロシアとの間で結ばれた講和条約。正式な名称は「日露講和条約」だが、通常、講和会議が開催されたアメリカ合衆国ニューハンプシャー州ポーツマスの地名をとって「ポーツマス条約」と呼ばれる。

日本は、ロシアの満洲と朝鮮半島への急速な南下に国家存亡の危機を感じ、日露開戦に踏み切った。そして苦闘の末、旅順《りよじゆん》攻略、日本海海戦において、奇跡的な勝利を収めた。しかし我が国には、これ以上戦争を継続する力は残っていなかった。

首席全権としてポーツマスに臨んだ小村寿太郎《こむらじゆたろう》外相の使命は、ロシアと講和を結び、少しでも有利な条件で日露戦争を終わらせることだった。会議は約一カ月にも及んだ。小村はこの交渉で、ロシアから賠償金を得ることはできなかったが、日本側が条件とした、①韓国に対する支配権、②清国からの旅順、大連《だいれん》の租借権、③長春《ちょうしゅん》以南の鉄道とその付属地の利権、全ての獲得に成功した。さらに樺太《からふと》の北緯五〇度以南の領有権も得ることができた。

2　条約調印までの経緯

●ロシアの急速な南下

大陸から日本に向かって突き出た朝鮮半島に、もし大国が勢力を築けば、海一つはさんだ日本の安全は根本から脅《おびや》かされる。一八八八（明治二十一）年、山県有朋《やまがたありとも》は「軍事意見書」の中で、ロシアがシベリア鉄道建設を始めたならば、冬季に凍るウラジオストック軍港よりももっと良好な不凍港を求めるに違いなく、それはロシアの朝鮮半島への侵略につながるであろうと的確に予測していた。

日清戦争によって、日本は朝鮮の独立を清国に認めさせることに成功した。ところが、この直後の一八九六（明治二十九）年、ロシアは清国と密約を結び、満洲地域を横切りウラジオストックに向かう東清《とうしん》鉄道の建設を認めさせた。その二年後、ロシアは清国にいっそう強い圧力をかけ、東清鉄道のハルビンから南下して旅順にいたる東清鉄道南満洲支線の建設と、黄海《こうかい》に面する旅順・大連の二五年間の租借を認めさせた。旅順は、ロシアにとって待望の不凍港であった。さっそくロシアは、旅順に軍港の建設を開始する。

さらにロシアは、一八九九（明治三十二）年、朝鮮半島南岸部の土地や港の買収や、馬《ま》山浦《さんぽ》という港の測量を試みたりしたうえ、一九〇〇（明治三十三）年、義和団《ぎわだん》事件（北清《ほくしん》事変）が起こると大軍を出動させ、動乱の終息後も満洲に居座ってしまった。

このようなロシアの急速な南下に対して、日本は、一九〇二（明治三十五）年、日英同盟を締結してロシアとの戦争に備えるとともに、外交交渉で、満洲と朝鮮半島で互いの勢力の住み分けを図ろうとした。しかし溝は埋まらず、日本は、このまま交渉を続けてもロシアの軍事力の増強を許すばかりであると判断し、一九〇四（明治三十七）年二月、ついに開戦に踏み切った。

●日露開戦と戦争のゆくえ

戦争は、大体において日本側が優勢に進んだ。しかし日本は、戦争の進行につれて兵力と弾薬や食料の不足が深刻化した。また、開戦後約一年の時点で海外から借り入れた戦費は一三億円に迫り、通常の国家予算の五倍を超えていた。一方、ロシアは、戦っては退却するという戦術をとっていたが、この戦術は連戦連敗に見えるという弱点があった。その結果、ロシア国内では厭戦ムードが高まり、帝政に不満を持つ労働者、兵士や学生が各地でデモ、ストライキや暴動を起こす不穏な状況が生まれていた。

戦争のゆくえを決定的にしたのは、一九〇五（明治三十八）年五月二十七、二十八日の対馬《つしま》沖における日本海海戦であった。戦闘は日本側の圧倒的な勝利に終わり、ロシアの日本海における制海権は消滅した。陸戦の勝利と合わせ、日本海、朝鮮半島、満洲南部が日本の勢力下に置かれることとなった。

この時点で、「満洲に居座って朝鮮半島に手を出し始めたロシアを北に押し返す」という日本の戦争目的は、ほぼ達成された。そして、このまま戦争を継続すると、兵力を温存しているロシアの反撃によって、現在の優位な状況が逆転することも予想された。

そこで日本政府は、日本海海戦勝利の三日後の五月三十一日、アメリカのセオドア・ルーズベルト大統領に講和の仲介を打診した。アメリカは、アジアにおける日露両国の勢力均衡と、満洲の市場開放を期待しており、仲介を了承した。

●ポーツマス講和会議

八月十日、講和会議はアメリカ東海岸北部の避暑地ポーツマスで開催された。日本側の全権代表は小村寿太郎外務大臣、ロシア側全権はセルゲイ・ウィッテ元蔵相である。会議に先立って、日本政府は、交渉の基本方針を次のように定めた。まず、講和条約でロシア側に必ず認めさせるべき「絶対的必要条件」として、次の三点を挙げている。

①韓国における日本の完全な支配権をロシアに認めさせる。
②ロシア軍を満洲から撤退させる。同時に日本軍も撤退する。
③遼東《りようとう》半島を日本に譲渡させ、加えて、ハルビン・旅順間の鉄道（東清鉄道南満洲支線）を日本に譲渡させる。

さらに、できれば認めさせるべき「比較的必要条件」として、日本が費やした戦費の賠償、樺太の譲渡などの四点を挙げている。

「絶対的必要条件」を見ると、日本の戦争目的が、韓国に対する支配権を確立して朝鮮半島にロシアの影響力が及ばないようにすることと、朝鮮半島に隣接する南満洲からもロシアの勢力を排除することの二点だったことを確認できる。しかし、講和会議において日露間で紛糾したのは、「比較的必要条件」とされた賠償金問題と樺太割譲問題であった。

3　条文と解説

ポーツマス条約は全一五条からなる。以下では、重要度が高い部分を現代文にして紹介する。

第一条　日本国の天皇陛下とロシア国の皇帝陛下の間、及び両国と両国民の間には、これから平和と親睦の関係が結ばれなければならない。

第二条　ロシア政府は、日本国が韓国において政治上、軍事上、経済上きわめて大きな利益を持つことを承認する。そしてロシア政府は、日本政府が韓国に対して必要と考える指導、保護及び監督を行なうことを邪魔、もしくは干渉しない。

第三条　日本国とロシア国は次のことを約束する。

（1）日本の遼東半島における租借権が効力を持つ地域を除き、両国は満洲地域から完全に、かつ同時に撤兵する。

（2）遼東半島を除き、両国が現在軍事占領及び管理している満洲の地域は、全て清国に返還する。ロシア政府は、満洲地域において、清国の主権を侵害し、または機会均等の考え方に反するいかなる領土上の利益や権利をも持たないことを声明する。

第五条　ロシア政府は、清国政府の承認を得た上で、遼東半島の旅順、大連とその付近の領土と領海の租借権、またそれに関連する全ての権利を、日本政府に譲り渡す。

第六条　ロシア政府は、長春・旅順間の鉄道、それに付随する全ての権利、また鉄道に属する全ての炭鉱を、清国政府の承認を得た上で、全て日本政府に譲り渡す。

第九条　ロシア政府は、サハリン（樺太）島南部を、そこにおける公共施設・財産を含めて永久に日本政府に譲り渡し、そこにおける日本政府の完全な主権を認める。譲渡される地域の北方の境界線は、北緯五〇度と定める。（以下略）

このように日本側は、交渉の「絶対的必要条件」とした項目の全てを入れることに成功した。一方、「比較的必要条件」であった樺太の割譲は土壇場で獲得に成功したが、賠償金については、最終的に日本側は取り下げることとなった。

4　条約は、その後の歴史をどう変えたか

ポーツマス条約によって、日本は大陸進出への合法的な足がかりを得た。まず、条約第二条によって、日本は朝鮮半島の排他的な支配権を獲得し、韓国を完全な保護国とした。さらに一九一〇（明治四十三）年には、韓国を自国領土に併合した。

また、条約第六条で獲得した鉄道については、ポーツマス条約の調印の直前に、アメリカの鉄道資本家ハリマンから日米共同経営の提案があり、日本政府も合意していた。しかし、条約の調印を終えて帰国した小村寿太郎が、この共同経営案に強硬に反対したため、政府は合意を撤回している。小村の懸念は、資本、技術力ともに大きいアメリカに経営の主導権を奪われることにあった。

日本は、一九〇六（明治三十九）年に南満洲鉄道株式会社（満鉄）を設立し、付属する炭鉱などとともに鉄道経営を開始した。これに対して、満洲市場に多大な関心を持っていたアメリカは、門戸開放の約束が反故《ほご》にされたとして強い不満を持ち、このののち、日米関係は急速に悪化していく。

一方、日本国内においては、この会議でロシアから賠償金を得られなかったことが、戦争の負担に耐え、戦勝に沸《わ》いていた国民を憤激させた。条約が締結された九月五日には、

日比谷公園で講和反対国民集会が開かれ、集まった数万人の群衆は暴徒と化し、東京中が大争乱となった。政府は戒厳令を発し、これを辛うじて鎮圧した（日比谷焼打ち事件）。

小村はポーツマスへ赴《おもむ》くとき、見送りの旗の波が、帰国時には一変することを予想していた。我が国の戦闘継続力が、すでに限界であることをロシアに悟られることを恐れ、国内にも伏せていた。何も知らない国民は、講和を急ぐ政府の真意を知るはずはなかった。

5　条約をめぐるエピソード

●樺太と賠償金をめぐる紛糾

会議が始まって一週間が経過した八月十七日、議題はいよいよ賠償金問題に入った。ロシア側はすでに、「賠償金などというものは、そもそも、征服された国に要求されるものである。ロシアは少しも征服されてはいない」という拒否理由を文書で日本側に伝えている。会議でもウィッテは「この問題については双方の主張が一致するとは思えない。ロシアは、国家の威厳を損なう提案に合意するより、むしろ戦争の継続を強く望む」と主張し、まったく取り付く島がない状態である。二日前の会議では樺太割譲問題が取り上げられたが、議論は完全に平行線をたどった上で、問題はいったん棚上げとされていた。

会議に先立ってウィッテは、皇帝ニコライ二世から、「一コペイカの賠償金も、一寸の領土も譲ってはならない」と厳命されていた。もしこの問題について独断で妥協した場合、帰国後には、皇帝の怒りを買って投獄され裁判にかけられる可能性も十分にあった。

一方、小村にとってこれら二つの問題は、政府の交渉方針としては「比較的必要条件」であった。だが小村としては、八万人を超える戦死者を含む甚大な犠牲と負担に耐え忍んできた国民に対して、領土も賠償金も取れずに帰国するという選択肢はあり得ないものであった。

しかし、日本側が領土と賠償金の獲得にこだわった場合、国際世論は、日本は土地と金欲しさに戦争をしていると評価する可能性があった。実際、講和会議を仲介したルーズベルト大統領は、日本側の姿勢に批判的な態度を取り始めていた。大統領にしてみれば「日本は、和平の仲立ちをした私の顔をつぶすのか」と言いたいところだったであろう。

二十六日、小村とウィッテは秘密会議を持つが、やはり結論は出ない。講和会議の決裂の危険は、いやがうえにも高まっていった。

小村は、政府に最終的な訓令（政府の指示）を仰いだ。その中で小村は、二十八日の会議で最終的な決裂宣言を行なう意思を表明した。日本政府は、とりあえず最終会議を二十九日に延期するよう指示し、時間をかせいだ後で、伊藤《いとう》、桂《かつら》をはじめとする元老、閣僚が集合し対策を協議した。政府の結論は、「樺太割譲、賠償金、ともに放棄する」であった。そもそもこれらの項目は「比較的必要条件」にすぎないものである。このような条件にこだわらず、何が何でも講和をまとめねばならない、これが日本政府の総意であった。この訓令はすぐに打電され、ポーツマスでの受電は二十八日午後一時過ぎであった。

●深夜の大逆転

ところが、その打電の後、外務省の石井菊次郎《いしいきくじろう》という官僚のもとに、イギリス公使から呼び出しがかかる。石井がイギリス公使館に赴くと、イギリスのマクドナルド公使が意外な情報を伝えた。駐露アメリカ公使が皇帝ニコライ二世に謁見したところ、皇帝は「樺太南半分だけの割譲ならば、考えてみてもよい」という発言をしたというのである。

一大事である。すでに、樺太割譲を放棄するという電報をポーツマスに打った後である。外務省職員は手分けして元老、閣僚宅を回り、方針の変更、つまり「賠償金要求は放棄するが、樺太南半分の割譲を要求する」との方針に合意を取り付け、日本時間の二十九日朝、ポーツマス宛てに打電された。この電報が小村のもとに届いたのは現地時間二十九日午前〇時頃、つまり最終会議当日であった。

　明けて二十九日朝、小村とウィッテは最後の会議に臨む。お互いの最終回答は文書で作成されており、まずウィッテが小村にロシア側の最終回答書を手渡す。小村はロシアの回答書を見て、「樺太南半分の割譲に合意する」と書かれているのを確認し、込み上げてくる安堵《あんど》が表情に出ないようにすることで必死であった。一方、賠償金要求の放棄と樺太南半分の割譲の要求を記した日本側の回答書に目を通したウィッテも、口元が緩《ゆる》むのを抑えるのに懸命であった。しかし、ウィッテが控室に行ってロシア側随行員に交渉成立の事実を伝える頃には喜びが爆発し、皆で抱き合いキスし合って大騒ぎとなった。一方の小村たち日本側代表は無表情を押し通していたが、喜びはロシア側代表と同様であった。

　九月五日、両国全権が日露講和条約に署名し、日露戦争が終結した。ポーツマスは、日露戦争のもう一つの戦場だったのである。


（吉永　潤）

10　日中新条約（「二十一カ条の要求」に基づく）

一九一五（大正四）年五月二十五日

1、イントロダクション

一九一五（大正四）年五月二十五日、日本と中華民国（以下、中国と略す）の間で新しい条約が結ばれた。「山東《さんとう》省に関する条約」「南満洲及東部内蒙古《うちもうこ》に関する条約」と、一〇項目の交換公文である。

しかしこれらの条約は通常「二十一カ条の要求」として後世に知られ、日本側が一方的に押し付けた条約と理解されている。中国内に大きな抗議の声が起こったのは事実だが、そもそも、どのような取り決めがなされたのか、日本の要求はそれほど理不尽なものであったのか、中国側の抗議は正当なものであったか。そのあたりを、条文に即して検討していきたい。

2、条約調印への道

●二十一カ条の要求項目

元々この条約交渉のきっかけとなったのは、日本が日英同盟のよしみから第一次世界大戦に参戦（一九一四年八月）したことにある。戦地となったのは中国の山東省、膠州湾《こうしゅう》一帯で、戦闘自体は十一月七日に終了し、日本はドイツの軍事施設を占領した。

しかし中国は日本軍の即時撤退を要求したため、日本は、まず占領地に関する取り決めを急ぐ必要があった。さらには、日露戦争以降、懸案になっている満洲や内蒙古《うちもうこ》東部に関する問題についても、この機会に解決させようと企図した。

こうして一九一五年一月十八日付で北京政府に提示されたのが、以下の要求である。

［第一号　山東省に関する件］

一、ドイツが山東省に関して条約その他により中国から獲得した全ての権利、利益譲渡の処分について、日本帝国政府がドイツ政府と協議すべき全ての事項を承認すること。

二、山東省内、もしくはその沿岸や島嶼《とうしょ》を、他国へ譲渡または貸与しないことを保証すること。

三、芝罘《しふう》または龍口《りゅうこう》〔ともに山東半島北部側にある町〕と膠済《こうさい》鉄道〔膠州と山東省の省都である済南《さいなん》を結ぶ鉄道〕とを連絡する鉄道の敷設を日本帝国に許可すること。

四、中国政府自らが山東省の主要都市を外国人の居住貿易のために開放すること。

〔第二号　南満洲及び東部内蒙古《うちもうこ》に関する件〕

一、旅順《りょじゅん》大連《だいれん》の租借期限、ならびに南満洲〔北は長春《ちょうしゅん》から南は大連までを結ぶ鉄道、満鉄〕及び安奉《あんぽう》鉄道〔鴨緑江《おうりょくこう》河口の安東《あんとう》から満鉄の奉天《ほうてん》を結ぶ鉄道〕に関する各期限を九九年に延長すること。

二、日本人に対し各種商工業の建物を建設、または耕作のため必要な土地の賃借権または所有権を許与すること。

三、日本人が居住往来ならびに、各種商工業及びその他の業務に従事することを許すこと。

四、日本人に対して特に指定した鉱山採掘権を許与すること。

五、他国人に鉄道敷設権を与え、または鉄道敷設のため他国より賃金の供給を仰ぐとき、ならびに諸税を担保として借款を起こすときは、あらかじめ帝国政府の同意を得るべきこと。

六、政治財政軍事に関する顧問教官を要する場合には、帝国政府に協議すべきこと。

七、吉長《きっちょう》鉄道〔長春と吉林《きつりん》とを結ぶ鉄道〕の管理経営を九九箇年間日本国に委任すること。

〔第三号　漢冶萍公司《かんやひょうこんす》に関する件〕

一、日本国資本家と同公司との密接なる関係に顧慮して、本公司を適当の機会に日中合弁となすこと、ならびに中国政府は帝国の同意なく、公司に関する一切の権利財産を自ら処分し、または公司をして処分しないように約束すること。

二、日本資本家側の債権保護の必要上、中国政府は本公司に属する諸鉱山付近の鉱山について、公司の承諾を経ないで、これらの採掘を公司以外のものに許可しないようにし、ならびにその他、直接間接に公司の同意を必要とする旨を約束すること。

［第四号　一般海岸島嶼の不割譲に関する件］

一、沿岸の港湾・島嶼を外国に譲与・貸与しないこと。

［第五号　懸案解決その他に関する件］

一、中央政府に政治財政及び軍事顧問として有力なる日本人を雇うこと。

二、中国内地における日本の病院寺院及び学校に対して土地の所有権を認めること。

三、必要とする地方における警察を日中合同とするか、またはこれらの地方における警察官庁に日本人を雇うこと。

四、日本より一定の数量の兵器の供給を仰ぐか、または中国に日中合弁の兵器廠《しよう》を設立し、日本より技師及び材料の供給を仰ぐこと。

五、武昌《ぶしよう》〔湖北《こほく》省、揚子江《ようすこう》中流南岸の都市〕と九江《きゆうこう》〔江西《こうせい》省北部〕南昌《なんしよう》〔江西省の省都〕線とを連絡する鉄道及び南昌杭州《こうしゆう》〔浙江《せつこう》省の省都〕間、南昌潮州《ちようしゆう》〔広東省北部〕間鉄道敷設権を日本に許与すること。

六、台湾との関係及び福建《ふつけん》不割譲約定の関係を顧慮して、福建省における鉄道、鉱山、港湾の設備（造船所を含む）に関し、外資を要する場合には先ず日本国に協議すべきこと。

七、中国における日本人の布教権を認めること。

●それぞれの項目の内容

第一号～四号は主として条約その他に基づき権利として同意を求める性質のものだったが、第五号は提議という形で提出された。したがってこれは要求ではない。実際に要求したのは二十一カ条ではなく、十四カ条である。

第一号「山東省に関する件」だが、一八九七年の山東省でのドイツ人宣教師殺害事件を契機として翌年にドイツと清とで締結された条約で、膠州湾は九九年間ドイツに租借されることになった。日本はドイツとの戦争に勝ち、日本は権利の継承をイギリスに諮《はか》ったが、イギリスはこれを承認するのに、まったく問題としなかった。

第二号は、日露戦争に勝った日本は、ロシアが権益として持っていた南満洲鉄道（満鉄）、遼東半島《りようとう》（旅順・大連）の租借権をポーツマス条約で手に入れた。しかしその租借期限は、旅順と大連は二五年（一九二三年で満了）、満洲鉄道は三六年（一九三三年で満了）、日本が敷設した安奉鉄道の使用権は一五年だった。日本はその租借期限を、九九年間に延長しようとした。

また手に入れた鉄道の周辺地域には自然に日本人が住み着いて事業を始め、中国人と商取引が始まると、トラブルも生じていた。日本はそうした問題を解決するために両政府間で取り決めが必要だと考えたのである。

第三号に出てくる漢冶萍公司《かんやひょうこんす》とは揚子江中流の漢陽《かんよう》市にある製鉄所の名前である。この近くの大冶《だいや》には優良な鉄山が、萍郷《ひょうごう》というところには大炭田がある。その三つの地名から会社の名前が作られた。

公司が設立されたのは一八九八（明治三十一）年で、萍郷で石炭が発見されるまでは日本の石炭をここに運んで製鉄をしていた。日本との関係は深く、辛亥《しんがい》革命（一九一一年）までの出資額は、日本興業銀行から三〇〇万円、三井物産から一〇〇万円、横浜正金銀行から約一〇〇〇万円の巨額にのぼり、その後も貸付総額は約三五〇〇万円（政府関係分は約三三〇〇万円）にも達していた。

しかし辛亥革命によって公司は接収され、事業が行なえないほど破壊され、掠奪されたあげくに国有化されようとしていた。日本政府は日本からの投資案件を保護するためにも、このような要求を出さざるを得なかった。

第四号の「一般海岸島嶼の不割譲に関する件」は、外国に中国の海岸地域を割譲されないことを求める、ということである。第三国が中国の海岸を領土化することは、対岸にある日本にとって大きな脅威となるからである。

●交渉の経過

日本側は、交渉の当事者以外から雑音が入らぬよう、できるだけ早急に円満に交渉をまとめたいと中国側に要請し、内諾を得ていた。しかし一〇日もしないうちに、日本の要求は中国の主権を侵害するもので、談判交渉の余地がないという批判が中国内外の新聞雑誌などに取り上げられた。中国側は約束を破り、日本の要求を歪曲《わいきょく》し、誇大に吹聴して外部に流していた。その結果、各省から強硬な交渉反対の意見が北京政府に届いた。

中国は面子《メンツ》保持の常套《じょうとう》手段として返答を故意に延ばし、あるいは認めていた要求項目を次回の会談では撤回するなど、日本があきらめるのを待つかのような態度をとった。日本は仕方なく三月半ば過ぎに、満洲や山東省に駐屯する日本軍の交代の時期を少しずらし、結果的に現地に日本兵が増えるような形をとって圧力をかけた。

四月二十六日、二十五回目の交渉で、日本は最終的な修正案として、中国側の主張を考慮した妥協案を提出する。第五号案は福建省関係を除き、すべて記録に留めるか撤回とした。

これに対し中国は五月一日に最終修正案を回答したが、日本側はまったく了解できるものではなかった。それによると、日本人は満洲で中国の警察行政に服さなければならず、裁判も中国側の裁判所で審理することになっていた。課税の無規律、警察の無節制については、交渉中に日置《ひおき》公使が、中国側に鞭打《むち》ちの刑、現場の警察官の勝手な裁量などの問題があることを指摘していた。監獄においても賄賂《わいろ》の強要やリンチがある。法治国家の体をなしていない。陸徴祥《りくちょうしょう》外交総長は反論できなかった。

五月三日、日置公使は加藤高明《かとうたかあき》外務大臣に最後通牒を出さねばならぬかもしれないと電報を打つ。この日より三日間、日本政府は日夜会議を開き、山県有朋《やまがたありとも》、井上馨《いのうえかおる》らを招いて元老会議も開いた。

五月七日午後三時、日本政府は最後通牒を発し、それを世界に公表した。回答は九日の午後六時を期限とした。

五月九日午前一時、中国側は英仏公使からの勧告もあり、受諾と回答した。翌日、日置公使は英仏の公使に祝辞をもらっている。

中国の新聞では、大隈《おおくま》総理を大罪人、交渉担当の陸徴祥外交総長らを売国奴と罵《ののし》った。

その後は事務方で文案が決められ、五月二十五日に北京で調印された。

3、条 文

こうして調印された条文は、「山東省に関する条約」「南満洲及び東部内蒙古に関する条約」のほかに、一〇項目あまりの交換公文からなるが、現代文になおして、その要点を以下に記す。

［山東省に関する条約］

第一条　中華民国政府は、ドイツが山東省に関して条約その他により中華民国に対して有する一切の権利と利益譲与などの処分について、日本国政府がドイツ政府と協定する全ての事項を承認すべきことを約束する。

第二条　中華民国政府自らが芝罘または龍口より膠済鉄道に接続する鉄道を敷設しようとする場合において、ドイツが煙濰鉄道借款権を放棄したときは、中華民国政府は日本国資本家に対して借款を商議させることを約束する。

第三条　中華民国政府はなるべく速やかに、外国人の居住貿易のために自ら進んで山東省における適当な諸都市を開放すべきことを約束する。

［南満洲及び東部内蒙古に関する条約］

第一条　日中両国は旅順と大連の租借期限ならびに南満洲鉄道及び安奉鉄道に関する期限をいずれも九九カ年に延長すべきことを約束する。

第二条　日本国臣民は南満洲において、各種商工業上の建物を建設するため、または農業を経営するため必要な土地を商租することができる。

第三条　日本国臣民は南満洲において、自由に居住往来し、各種の商工業その他の業務に従事することができる。

第四条　日本国臣民が東部内蒙古において中華民国国民と合弁により、農業及びこれに付随する工業の経営をしようとするときは、中華民国政府はこれを承認しなければならない。

第五条　前三条の場合において、日本国臣民は例規により下付された旅券を地方官に提出し、登録を受け、また中華民国警察法令及び課税に服さなければならない。民刑訴訟は日本国臣民が被告である場合には、日本国領事館において、また中華民国国民が被告である場合には、中華民国官吏においてこれを審判し、互いに委員を派遣して臨席し傍聴させることができる。ただし土地に関する日本国臣民及び中華民国国民間の民事訴訟は、中華民国の法律及び地方慣習により両国より委員を派遣して共同審判しなければならない。

将来この地方の司法制度が完全に改良されたときは、日本国臣民に関する全ての民刑訴訟は、完全に中華民国法廷の審判に帰さなければならない。

第六条　中華民国政府はなるべく速やかに、外国人の居住と貿易のために自ら進んで東部内蒙古における適当な諸都市を開放すべきことを約束する。

第七条　中華民国政府は従来中国と、各外国資本家との間に締結した鉄道借款契約規定事項を標準となし、速やかに吉長鉄道に関する諸協約ならびに契約の根本的改訂を行なうべきことを約束する。

将来中華民国政府において鉄道借款事項に関して、外国資本家に対して現在の各鉄道借款契約に比較して有利な条件を付与したときは、日本国の希望によりさらに前記吉長鉄道借款契約の改訂を行なわなければならない。

［膠州湾租借地に関する交換公文］

日本国政府は現状の戦争が終結した後、膠州湾租借地がまったく日本国の自由処分に委ねられる場合においては、左記の条件の下にこの租借地を中華民国に還付しなければならない。

一、膠州湾全部を商港として開放すること。

二、日本国政府において指定する地区に日本専管居留地を設置すること。

三、列国にして希望するにおいては、別に共同居留地を設置すること。

四、右のほかドイツの営造物及び財産の処分、ならびにその他の条件手続き等については、還付の実行に先立って日本国政府と中華民国政府との間に協定を結ぶべきこと。

4、条約は、その後の歴史をどう変えたか

中国は国辱として根に持った。その後の日中間に事件が発生するといつも「二十一カ条の要求」を取り上げて、中国に対する侵略行為だと非難するようになった。あげくはそれ以前の日清戦争、日露戦争も日本の侵略戦争だと主張する田中《たなか》上奏文が登場する契機となっている。

5、条約をめぐるエピソード

藤井昇三《ふじいしようぞう》氏の研究によれば、交渉中の二月五日に日本にいた中国の反体制派の孫文《そんぶん》は、日本の民間の志士、山田純三郎《やまだじゅんざぶろう》、犬塚信太郎《いぬづかしんたろう》との間に「中日盟約」を結んでいる。この中には、第五号の中の七項目の内、二と七を除く項目と同じものが日本に対して約束されている。孫文はこれら日本の要求を、無理難題とは思っていなかった。

最後通牒については、以下の記憶すべきエピソードがある。

五月五日の夜、北京政府参政である李盛鐸《りせいたく》が日本公使館の船津辰一郎《ふなつたついちろう》書記官に話した。

「交渉がこのように難局に陥ったのは我が政府が英米政府を頼りすぎ、交渉内容を外部に漏らしてその声援を得ようとしたからだ。その結果政府は進退の余地を失ってしまった。修正案も強硬なものにしないと大総統の体面に関わる。反体制派が政府を攻撃する。いよいよ日本が最後の決意を示すことになれば、我が国は譲歩するしかない」

つまり振り上げたこぶしを下ろすきっかけを作る（＝面子《メンツ》を立てる）ために、北京政府も最後通牒を発してほしいと要請しているのである。

（田中秀雄）

11　ヴェルサイユ条約

一九一九（大正八）年六月二十八日

1、イントロダクション

一九一四（大正三）年六月二十八日、ボスニア・ヘルツェゴビナのサラエヴォで、セルビア人青年によるオーストリア皇太子夫妻暗殺事件が起きた。その一カ月後にはオーストリア＝ハンガリー帝国とセルビアとの間で戦争が勃発した。そこにドイツ、ロシア、フランス、イギリス、日本が次々に参戦し、一九一七（大正六）年にはアメリカ、中華民国（以下、中国と略す）が参戦した。いわゆる第一次世界大戦である。一九一八（大正七）年の秋にはドイツ側の敗退が決定的となり、講和会議が開かれることになった。

講和会議は一九一九（大正八）年一月十八日から五月七日までフランスのパリで開催され、ここで決定した平和条約案をドイツに承諾させることになる。ドイツは六月二十八日を以《もっ》て調印した。調印した場所にちなんで、一般にヴェルサイユ条約と言われている。

2、条約調印への道

●衰えはじめた帝国、動きはじめた民族意識

ナポレオンの登場によって神聖ローマ帝国がおよそ一〇〇〇年の歴史を終えて消滅した後、一八〇六年に成立したオーストリア帝国、その後これを継承したオーストリア＝ハンガリー帝国は、中欧と東欧の多民族を包摂して成り立っていた。

同時にその南方のバルカン半島を含む中東一帯に長い帝国の歴史を刻んでいたオスマン帝国が、ロシアとの露土戦争（一八七七～一八七八年）に敗れて衰退を始める。

一八七八（明治十一）年に結ばれたサン・ステファノ条約によってバルカン諸国の分割が決まり、オーストリア＝ハンガリー帝国のバルカン半島進出が始まると、ロシアもブルガリアに橋頭堡《きょうとうほ》を築こうとした。これがバルカン内における多彩な民族、宗教のモザイク構造を強く刺激することになり、大セルビア主義や汎スラブ運動などのいわゆる民族自決運動が生まれることとなる。

一九〇三（明治三十六）年には、セルビアの国王夫妻が暗殺される事件が起こり、五年

後にはオーストリアがボスニアを併合し、セルビア人を激昂させた。

トルコも、改めてバルカン半島への影響拡大をめざしたが、これをバルカン諸国は拒絶し、ロシアを後ろ盾に対トルコ戦争が始まった（一九一二～一九一三年）。勝利はバルカン諸国に帰したものの、その直後からバルカン諸国同士で領土争いが始まる。

第一次世界大戦の火種は、東ヨーロッパ、特にバルカン半島の住民が民族、宗教ともに多種多様であることに内在していた。しかもそれが一つの国や州の内部に、モザイクのように複雑に点在していた。こうした複雑に絡み合った糸の結び目がとけないうちに、オーストリア皇太子夫妻暗殺という事件が起こることになる。

●第一次世界大戦の勃発と終戦

戦争はドイツ＝オーストリアを中心にした同盟国と英仏伊露を中心にした連合国の間で戦われた。しかしそれまでの戦争とは戦いの様相が一変し、陸では戦車や毒ガス、空や海に航空機や潜水艦という、強力な殺傷兵器を伴った総力戦となった。またドイツのＵボートは、戦争物資を運ぶ商船を敵国、中立国の区別なく攻撃した。

一九一七（大正六）年初頭、ドイツが無差別潜水艦作戦をアメリカに通告すると、アメリカもドイツと国交断絶し、まもなく連合国側に立って参戦した。

戦局は、一九一八（大正七）年の半ばからの連合国の総攻勢と経済封鎖によってドイツの敗色が濃厚となり、十一月十日にドイツ皇帝ウィルヘルム二世は中立国であるオランダに亡命、翌日には連合軍とドイツとの間に休戦協定が結ばれた。

●パリで始まった講和会議

一九一九（大正八）年一月、連合国の首脳は講和会議が開かれるフランスのパリに集まった。日本も英米仏伊と並んで五大国の一つとして会議に臨んだ。

連合国の会議が始まって目立ったのは、イギリスとフランスの敗戦国ドイツに対する強硬な姿勢であった。西欧諸国で産業革命が進むと、それは兵器の進歩を著しく促した。強力な兵器は戦場で多くの人命を奪った。連合国で約二二〇〇万人、同盟国で約一六〇〇万人の戦死傷者、行方不明者が出た史上初の大戦争だった。戦争のための費用は膨大なものとなり、英仏両国はアメリカに戦費を借りて戦争を続けた。英仏は、賠償金はもちろんのこと、ドイツに対して明確な戦争責任を求めた。これはドイツの戦争指導者を裁くことを意味した。

確かにドイツに領土拡張の意図はあり、この戦争は侵略戦争と呼ばれても仕方ない面もあった。また無差別潜水艦作戦についても、ドイツ軍の中でも反対の声があったものの、ドイツ側から言えば、経済封鎖を破るためにはやむを得ないという事情もあった。ともあれ、連合国の賠償請求金額は膨大なものとなりそうだった。

領土にしても、ドイツ領が西部と東部において削られることは避けられそうになかった。

こうしてまとめられた条約案は、五月七日にドイツに手交《しゅこう》された。条約名を英語で言えば、Condition of Peace（平和条件）で、ドイツは厳しい条件を突きつけられた。ドイツは抵抗して、対案を出すが受け入れられず、六月十六日には最後通牒を突きつけられた。戦争責任問題を留保して受諾という条件闘争も試みたが、受け入れられなかった。結局は無条件に受諾せざるを得ず、六月二十八日に講和条約に調印した。

●日本に関する問題

日本に関することでは、ドイツが領有していた赤道以北の南洋諸島は、一九二〇（大正九）年に新設される国際連盟の委託により、日本が統治することになる。また山東省《さんとう》にドイツが持っていた租借権は、日本に譲渡されることになった。

日本にとって講和会議で大きな問題となったのは、山東省の租借権をめぐる中国との対立であった。ドイツに対する最後通牒には、山東省を中国に還付することを目的に日本に無償条件で渡すことが明記されてある。戦争の結果として日本は山東省を占領したが、これは当時の国際ルールに則ったものだった。

中国も山東省を取り返そうと思えば、ドイツに宣戦し、自力で取り返せばよかった。実際に日本は中国を支援して、中国がドイツに参戦するための費用を借款として負担している。いわゆる西原《にしはら》借款の一つである。だが中国は、一九一七（大正六）年に宣戦布告したものの、形式上だけで実際の戦闘はしていない。

講和会議の席上、中国は我が国もドイツと戦ったのだから、山東省は直接我々に返されるべきだと訴えたが、列強は聞き入れなかった。そのために中国の代表は席を立って帰国した。それが原因で、五月四日、中国各地で学生を中心に反日運動が巻き起こる。いわゆる五四《ごし》運動である。

しかし自らは血も汗も流さず、日本のお金を借りて形だけの宣戦布告をし、日本が自分の金と血を流して獲得した山東省の権利をただで返せというのは、あまりにも虫のいい話であり、国際社会では通用しない。なおかつ日中間で結ばれた「山東省に関する条約」(一九一五年)では、日本は中国に還付することを約束しているのである。その約束に基づき、中国が義務を遂行して初めて還付されるのであり、まず中国はその実行をなすべきであった。結局山東省還付問題は、ワシントン会議にまで引き延ばされることになる。

アメリカが自分の理想主義をこの講和会議で実現しようとしたように、日本もまたこの講和会議に自らの理想を持ち込もうとした。それは「諸国民の平等」の提案、人種差別の撤廃案である。

直接的には、ハワイ経由でアメリカに移住する日系人が白人の偏見によって苦しめられる事件が多発し、一九一三(大正二)年にはカリフォルニア州で土地取得を禁止される「排日土地法」が成立した。またオーストラリアも「白豪主義」を掲げ、有色人種の移民を禁じていた。日本は、こうした白人優越主義に基づく有色人種差別の非を鳴らしたのである。四月十一日、講和会議国際連盟委員会では賛成多数で可決されたが、議長のアメリカ大統領ウィルソンが全会一致を主張して却下した。

3、条　文

膨大で複雑な条項が多々あるため、章題だけを掲げる。

第一章　国際連盟
第二章　ドイツの国境
第三章　ヨーロッパにおける政治的条項
第四章　ヨーロッパ以外の政治的条項
第五章　軍事条項
第六章　俘虜および墳墓
第七章　戦争の犯罪に関する条項
第八章　賠償および復旧
第九章　財政
第十章　経済条項
第十一章　航空に関する件
第十二章　港湾、水路および鉄道

第十三章　労働規約
第十四章　条約履行の保証
第十五章　雑則

4、条約は、その後の歴史をどう変えたか

●報復性の強い一方的な条約

無条件で条約に調印したことはドイツには屈辱だった。西部でアルザス・ロレーヌ、東部では西プロイセンがそれぞれフランスとポーランドに無条件で割譲された。そして一九二一（大正十）年四月に決定した賠償総額は一三二〇億マルク、年二〇億プラス貿易輸出額の26%という天文学的数字であった。そのこともあって調印責任者のエルツベルガーはこの年八月に暗殺されている。

賠償で決まったルール炭田の権利譲渡は一九二三（大正十二）年に執行されたが、このときにフランス、ベルギーの連合軍がルールに進駐した。ドイツ人への迫害は情け容赦なく、多くの炭田労働者がストライキで死に、ルールから追い払われた。フランスへの憎悪は強まり、この年の十一月にヒトラー率いるミュンヘン一揆が起こるのは偶然ではない。

ドイツは賠償金を払うために国債や紙幣を濫発《らんぱつ》せねばならなくなり、これはドイツマルクを暴落させ、紙くず化させることになった。このため二束三文となった首都のベルリンの町の土地や不動産を、ここを先途とユダヤ人が買いあさった。ドイツ人はこれを恨みに思った。これは大西洋横断単独飛行でアメリカの英雄となったチャールズ・リンドバーグが十数年後のナチス全盛の時代に、ベルリンにおいて聞いていることである。

報復性の強い、強制されたヴェルサイユ条約は、いずれ無理がたたる運命を持っていた。ナチス・ドイツはドイツ国民の復権という強い欲求によって登場してきたのである。

報復性は戦犯追及問題にも現われている。日米は反対したが、英仏はウィルヘルム二世を訴追しようとした。しかしオランダが保護して実現しなかった。捕虜虐待などで裁かれた軍人もいたが、死刑にはなっていない。

しかしヴェルサイユ条約は、戦争は悪でも違法行為でもない、交戦当事国の立場は対等と見る「無差別戦争観」を死語にしてしまったのである。

●アメリカのご都合主義

国際連盟はアメリカ代表のウィルソン大統領が提唱して、ヴェルサイユ条約に設立が明記された。一九二〇（大正九）年に設立され、スイスのジュネーブに本部が置かれた。事務次長に日本人の新渡戸稲造《にとべいなぞう》が選ばれた。しかし提唱したアメリカは国際連盟に加入しなかった。国内には、共和党を中心に外国のことに介入することを嫌う孤立主義の考えが強かったからである。

ウィルソンの理想主義と言っても、それは自国の利害に関しては別である。人種差別撤廃案に反対し、日本の南洋諸島の信託統治にもウィルソンは反対した。フィリピンを領有していたアメリカにとって、フィリピンとハワイとの中間に日本領ができることは耐え難かったのである。これらはアメリカの典型的なご都合主義である。

それどころか、一九二四（大正十三）年には「排日移民法」が連邦議会で可決され、日本は人口増による農民の移住先の一つを封じられた。人口の半数以上は農業人口だった時代である。その後起こった昭和恐慌による深刻な農村危機は、五・一五事件や二・二六事件の原因ともなり、そして農村更生の声は、満洲への移住を高らかに奏《かな》でることにもなった。

5、条約をめぐるエピソード

●スイスという複合民族国家

新設なった国際連盟事務局の保健部員として、一九二三（大正十二）年に働き始めた日本人がいる。一九一二（明治四十五）年に東京帝大の医学部を卒業した金井章次《かないしょうじ》である。

国際連盟の事務局があるスイスのジュネーブに住み始めて、金井は興味深いことに気づく。一二九一年に起源を持つスイスは、ドイツ系、フランス系、イタリア系住民、そしてロマン（ラテン系）人の織り成す複合民族国家であった。地域的に民族が分居して共通語がない。しかし国民的結合は驚くほど強い。ドイツ系住民はドイツが攻めてくればドイツと戦うと宣言し、フランス系はスイスを侵略したナポレオンを憎悪するというように、スイスに対する愛国心は揺るぎもなかった。

金井は単一民族国家の方が国民の団結は優れていると思っていたが、スイスを見て考えを変えた。そしてウィルソンが掲げる「民族自決」に疑いを抱くようになった。この考えはさまざまな国家や民族の歴史的、地理的な特殊性をはなはだしく無視している。領土が小さく資源がないことによって、民族の自決が簡単ではない国の方が実際は多いのではないか。どの国もアメリカのようにはいかない。金井は持てる国アメリカの偽善を感じた。

●民族協和の理念で生まれた満洲国

一九二四（大正十三）年に金井は満鉄に衛生課長として招聘《しょうへい》されると、彼はここ満洲も複合民族の居住するところであると理解する。満洲人、蒙古人、漢民族、朝鮮人、ロシア人、そして日本人である。

張作霖《ちょうさくりん》の悪政が満洲の人々を苦しめていた。彼は満洲をスイスのような複合民族による独立国家にしなければならないと考えるようになる。ちょうどその頃、満洲を理想郷にしようと考える日本人が自然と集まるような時期になっていた。彼らは一九二八（昭和三）年に満洲青年連盟を作り、金井はその中心人物となる。満洲青年連盟の理念はそれまで歴史上になかった「民族協和」という理想だった。

一九三一（昭和六）年、満洲事変が起こると、満洲青年連盟は関東軍に協力し、率先して働いた。満洲国が出来上がると、「民族協和」実現のための組織として「協和会」が作られた。満洲国はおよそ一三年の歴史しか持たない国家だったが、その建国の理念としての「民族協和」は、世界史に残る大きな意義を持つこととなった。

（田中秀雄）

12　ワシントン条約（海軍軍備制限条約と四《し》カ国条約）

一九二一（大正十）年十二月十三日

1　イントロダクション

ワシントン条約とは、一九二一（大正十）年に開かれたワシントン会議で、日本、アメリカ、イギリス、フランス、イタリア、ベルギー、オランダ、ポルトガルに中華民国を加えた九カ国により採択された七つの条約と、一二の決議の総称である。

これらの条約・決議の中に、史上初の国際条約による勢力均衡を実現させた「海軍軍備制限に関する条約（五カ国）」、日英同盟の廃棄をもたらした「太平洋方面に於ける島嶼《とうしょ》たる属地及び島嶼たる領地に関する四カ国条約」や、中華民国に関する諸条約・決議などがあり、これらによって、ワシントン体制とよばれる太平洋、極東地域における列強の協議体制が形成された。

2　条約調印への道

●第一次世界大戦後の建艦競争と国際秩序の変化

一九一〇（明治四十三）年頃から、欧米列強と日本の間で、海軍の拡張競争が繰り広げられていたが、この流れは第一次世界大戦後も止《や》まず、大西洋と太平洋に覇権を求めるアメリカは「ダニエルズ・プラン」という海軍大拡張計画を進め、日本も八・八艦隊計画を進めていた。これらに対抗して、イギリスやフランス、イタリアも建艦競争に加わったが、その結果として各国に財政危機をもたらすこととなった。

また第一次大戦の敗戦により、東アジアではドイツが太平洋と中華民国内での権益を失い、ロシアも、ソビエト連邦（ソ連）成立に向けて国内の権力基盤を固めるのに手一杯であったことから、必然的に日本が強国として台頭することになった。これに対して日露戦争以降、極東におけるパワーバランスの変化を常に危惧《きぐ》してきたアメリカは、この機に日本の台頭を抑え込もうと目論《もくろ》んだ。折しも、一九二一年七月は、第三次日英同盟が満期を迎える時期にあたっていた。

こうした情勢下、アメリカの上院では、大戦以来の軍事費負担が問題視され、一九二〇（大正九）年一月には、日米英三国で海軍軍備の縮小について協定を締結するように求める決議が可決された。これを受けてハーディング大統領は、一九二一年七月に軍縮と太平洋・極東問題に関する国際会議を開催することを提唱した。

●アメリカにとっての「第二のヴェルサイユ会議」

アジア・太平洋での国際秩序こそは、本来一九一九年のヴェルサイユ会議で決められていなければならない問題であった。この会議では、ドイツなど敗戦国への懲罰、国際連盟の創設などが採択され、山東省《さんとう》や南洋諸島においてドイツが有していた利権の日本への移譲が承認された。その一方で、戦争を忌避する国際世論を背景に行なわれた軍縮討議は、妥結に至らないまま先送りされた。

かねてから満洲の門戸開放や対中二十一カ条の要求、シベリア出兵などをめぐり、日本に圧力をかけてきたアメリカは、ヴェルサイユ会議で日本の利権を承認することに異議を唱えた。そして、山東省の処分に不満をもつ中華民国も、ヴェルサイユ講和条約に調印するのを拒否した。さらに、アメリカ議会が講和条約の批准を否決したことから、第一次大戦後の国際秩序が極東及び太平洋地域では宙に浮く形となった。

アメリカの真の目的は、国際会議の場において日本の台頭を抑え込み、アジア・太平洋でアメリカに有利な国際秩序を打ち立てることであり、こうした意味で、ワシントン会議とは、アメリカにとって「第二のヴェルサイユ会議」であった。

●会議の結果は、アメリカの一人勝ち

ワシントン会議の議長・ヒューズ国務長官は、会議の冒頭でいきなりアメリカは主力艦廃棄をも辞さない、として海軍軍備制限の具体案を提示し、各国の参列者を驚かせた。そして会議では五カ国で構成する「軍備制限問題委員会」と、九カ国で構成する「太平洋及び極東問題委員会」が設置され、並行して審議が進められた。「軍備制限問題委員会」では、陸・海・空軍の軍備制限などが議論され、海軍についてのみ合意に達し、調印となった。「太平洋及び極東問題委員会」では、四カ国条約、九カ国条約、関税条約、治外法権決議などが成立し、また日中間で山東条約などが成立した。

審議は終始アメリカがリードし、イギリスに対等の海軍力を認めさせ、日英同盟を断ち切り、日本の大陸での活動を封じ、日本の海軍力に枷《かせ》をはめるなど、その思惑をほとんど

実現させ、外交的勝利をおさめた。これ以降、アメリカはイギリスに代わって世界覇権国の地位へと登ってゆくことになる。

3 条文と解説

〔海軍軍備制限に関する条約（概要のみ）〕

第一条 締約国は、本条約に従い各々自国の海軍軍備を制限すべきことを約束する。

第三条 （前略）締約国は、各々自国の主力艦建造計画を廃止しなければならず、（中略）新主力艦を建造し、または取得してはならない。

第四条 各締約国の主力艦の合計トン数は、基準排水量においてアメリカ五二万五〇〇〇トン、イギリス五二万五〇〇〇トン、フランス一七万五〇〇〇トン、イタリア一七万五〇〇〇トン、日本三一万五〇〇〇トンを超えてはならない。

第五条 いずれの締約国も、基準排水量三万五〇〇〇トンを超える主力艦を取得し、又は建造し、建造させ、もしくは自国の領域内で建造を許してはならない。

第六条 いずれの締約国の主力艦も、口径一六インチ（四〇六ミリメートル）を超える砲を装備してはならない。

第七条　各締約国の航空母艦合計トン数は、基準排水量においてアメリカ一三万五〇〇〇トン、イギリス一三万五〇〇〇トン、フランス六万トン、イタリア六万トン、日本八万一〇〇〇トンを超えてはならない。

第十九条　アメリカ、イギリス及び日本は、各々自国の領土及び属地において、要塞及び海軍根拠地の現状を維持することを約束する。

【解説】この条約は、アメリカ、イギリス及び日本が保有できる主力艦と航空母艦の合計トン数の比率を五・五・三に制限するとともに、制限超過で廃棄しなければならない主力艦の隻数まで定めたものである。また、今後一〇年間にわたり新たな主力艦を建造させず、日本とアメリカは太平洋での軍事施設を現状維持することも約束した。さらに、条約の期限を一九三六（昭和十一）年末までとして、それ以前に廃棄を希望する国は、一年前に通告することを義務づけ、安易に脱退できないようにもされていた。

〔太平洋方面に於ける島嶼たる属地及島嶼たる領地に関する四カ国条約（概要のみ）〕

第一条　締約国は互いに、太平洋方面における島嶼である属地及び島嶼である領地に関するその権利を尊重すべきことを約束する。

第四条　（前略）一九二一年七月十三日、ロンドンにおいて締結された大ブリテン国（イギリス）と日本国間の協約は、これと同時に終了するものとする。（以下略）

【解説】この条約は、第一条でアメリカ、イギリス、日本、フランスの四カ国が太平洋方面にもつ属地や領土・権益の相互尊重を協定し、第一条二項及び、第二条では、それに起因する紛争を共同会議により平和的に処理すべきであると定めた。そして、第四条の冗長な手続き規定の中で、「日英同盟の廃棄」が盛り込まれていた。

4　条約は、その後の歴史をどう変えたか

●対米七割に固執した日本海軍

海軍軍備制限条約は、第一次大戦直後の協調的な風潮の中で、国際的に公開された軍備の相互監視による管理という画期的な方式で軍縮を実現させ、さらに軍事費削減により各国の経済的な負担を軽減させた。同時にアメリカの対日脅威論を緩和させたことで、日米関係を好転させたかに見えた。しかし、それは表面的であり、国際関係の深層が列国の対《たい》

峙《じ》と競争であることは変わりがなかった。しかし、大正デモクラシー下の日本では、この条約の理想主義的な側面に同調して軍縮ムードが蔓延し、陸軍も師団を削減し、軍人の社会的地位も低下するなど、陸海軍に不満を残す結果となった。

この不満は日本海軍で特に強かった。ワシントン会議に参加するにあたり、海軍は現状である「米・英・日の主力艦比率＝十・十・七（対米七割）」を譲れない一線としていた。この目標は、政府方針でもあった。ところが日本全権として会議に参加していた海軍大臣・加藤友三郎《かとうともさぶろう》は、「条約を流産させられない」という政治的判断から、独断でアメリカの提案である「米・英・日の比率＝五・五・三」を受諾した。アメリカがこの比率を持ち出した本心は、現状（対米七割）では大西洋と太平洋の二正面で作戦しなければならないアメリカ海軍に対して日本海軍が優位となるので、アメリカ海軍を増強するための時間を稼ごうとしたことにあった。

日本海軍にとって対米七割の戦備は、日露戦争後に確立した不動の基本路線であり、アメリカの提案（対米六割）には、海軍軍令部を中心に強い反対があった。これを無視した加藤海相の妥協は、海軍軍人に根強い不満を残した。

海軍力増強を封じ込められた日本では、条約に従って現存する主力艦をスクラップにしたほか、陸海軍軍人の整理・削減、造兵廠の閉鎖、職工の大量解雇などが行なわれた。こうしたことへの不満が温床となり、条約を廃棄せよとの世論の一大潮流がつくられ、さらに、一九三〇（昭和五）年のロンドン軍縮会議をきっかけとして、青年将校の一部が国家改造運動に走ったことへと繋がっていった。

●アメリカ外交の大きな勝利

国際協調を謳《うた》い、太平洋の領土、権益の相互尊重を約束した四カ国条約は、一般的な共同政策宣言に過ぎず、違反した国に対する制裁はもちろんのこと、何らの具体的行動も義務づけていなかった。アメリカ議会上院での批准にあたって、ハーディング大統領は、この条約の違反に対してアメリカは「法的・道義的な義務について何らコミットしていない」と証言していたのである。

このように何らの効力も伴わない条約にもかかわらず、アメリカにだけは大きなメリットをもたらした。つまり、この条約により、アメリカは太平洋に覇権を確立する上で最大の障害であった日英の同盟関係を切断し、シナ大陸における日英両国の利権保護関係を消滅させた。同時に、日米の安全保障関係に配慮することなく、シナ大陸へ進出できるもっとも好ましい環境を手に入れた。そして、アメリカがワシントン会議で真に求めていたのは、九カ国条約をはじめとする中華民国に関する諸条約・決議だったのである。

●日本の前途を不透明にした日英同盟廃棄

日露戦争以来三回にわたり改定されてきた日英同盟は、両国の安全に大きく貢献してきた。世界の覇者イギリスとの同盟関係により、日本は欧米列強と対等な関係を築くことができた。世界中に権益を有するイギリスにとっても、アジアで唯一の列強となった日本との同盟は、極東における自国の権益を保護する上できわめて重要であった。第一次大戦後、その実質的な意義がやや薄れたとは言え、日英はこれを継続する意向であった。そこでイギリスは、日米英三国協商を構想して、ワシントン会議に臨んだ。しかし、アメリカはその構想を拒否するとともに、フランスを誘って何ら実効性のない四カ国条約を強要した。そして日英同盟は、二国間の同盟関係は、国際連盟規約にある集団安全保障や紛争の平和的解決などの理念とは相容《あいい》れないものであるとの理由で、その終了が宣言された。

こうして日本の安全保障の要《かなめ》ともいうべき同盟関係を失った日本の外交は、理想主義的で空疎な条項だけが並ぶ多国間条約に頼らざるを得なくなり、困難な舵取《かじと》りを強《し》いられることになった。

5　条約をめぐるエピソード

●二人の加藤《かとう》の対立がもたらした「軍事施設の現状維持」

ワシントン会議でアメリカ国務長官ヒューズは、日本の「対米七割」方針を承知した上で、「五対三（対米六割）」を提示した。交渉は難航したが、日本は加藤友三郎全権による妥協でこれを受諾した。各国は、この妥協を「国際政治の力関係を熟慮した冷静な判断」と褒めちぎり、加藤友三郎の国際的な評判は高まった。ところが、海軍全権代表であった軍令部員・加藤寛治《かとうひろはる》は、終始このアメリカ提案に猛反対していた。そして海軍分科会でも、反対意見を強硬に主張したため、交渉決裂さえも危惧された。そこで、加藤友三郎による政治的妥協が行なわれたのであるが、加藤寛治は大いに不満であった。この友三郎と寛治の対立は、両加藤の対立といわれ、日本国内の新聞でも話題になった。

寛治を説得するために友三郎が心血を注いだのが、ハワイ以西のアメリカの軍港や要塞の設備を増強しないことを確約させた「第十九条」であった。これがあれば、五対三の比率でも、米海軍はハワイからしか日本を攻撃することができず、日本の防衛が可能であるという判断であった。友三郎は、アメリカ大統領に直接訴えることまでして、この条文を実現させたのであった。ところでその後、首相となった友三郎のもとで、補助艦を中心とする海軍増強計画が策定、実施されたが、この計画は寛治が条約締結時に考えていたことであった。ワシントンでの対立は、さほど深刻ではなかったのかもしれない。

●率先して日英同盟を廃棄した幣原喜重郎《しではらきじゅうろう》全権

日本とイギリスは、日英同盟を継続する方針であった。ワシントン会議が始まるとすぐに、イギリス全権バルフォアは、日本全権である加藤友三郎と幣原喜重郎《しではらきじゅうろう》に非公式に英米日三国協定案を示してきた。その案の第二条では、締約国の一国に脅威が生じた場合には「二つの締約国は軍事同盟を締結することにより、自国を防護する自由を有する」と規定し、日英同盟を復活させる余地を残していた。バルフォアは、この案で一緒にアメリカを説得しようと日本側に申し出たので、加藤全権はこれに賛同した。しかし、幣原全権はこれではアメリカが受け入れないだろうとして、第二条を「争議が発生した場合、二つの締約国は相互に合意した上で、他締約国も交えた共同の会議を求め、該当する事項全ての考慮・妥結をその会議に付する自由を有する」と修正し、これをバルフォアとヒューズに示した。ヒューズは幣原の提案を了承し、この条文案は、ほぼそのまま四カ国条約に採用された。国家生存の背骨でさえあった日英の軍事同盟は、このように日本側から何の抵抗もなく廃棄されたのである。

（安藤　豊）

13 支那に関する九カ国条約（ワシントン条約その2）

一九二一（大正十）年十二月十三日

1 イントロダクション

あまり知られていないことだが、ワシントン会議では、軍縮条約のほかに、中華民国（以下、中国と略す）に関する二つの条約と八つの決議が採択された。これはその後の日米関係にも大きな影響を与えた取り決めであり、歴史的な意味合いは軍縮条約に劣らず大きなものであった。そのことは、もう少し注目されてよい。

その条約とは、中国の領土及び行政保全、門戸開放、機会均等を確認し、中国における列強の利権を現状維持するための「支那に関する九カ国条約」、中国の関税率を二・五倍に増やし、それを準備する特別会議を約束した「支那の関税に関する条約」（九カ国）、そして「支那に於ける治外法権に関する決議」などである。

これらと並行して日中間で直接交渉が行なわれ、日本は一九一五（大正四）年に締結された日中条約の一部を放棄した。また、旧ドイツ利権の中国への返還を定めた「山東懸案解決に関する条約」も別枠で協定された。この交渉は、アメリカとイギリスの斡旋《あっせん》と調停により妥結にいたった。

2　条約調印への道

●中国における利権回収運動の高まり

アメリカにとってワシントン会議は「第二のヴェルサイユ会議」であり、その焦点は中国に関する問題をいかに有利に処理するかであった。日米対立はすでに表面化しつつあり、在中利権に対するアメリカの野心を警戒していた日本は、アメリカとの交渉を通じて「特定国の利害には及ばない」ことを確認してから、中国に関する問題を議題化することに同意した。

中国に関する問題の中心は、「不平等条約の廃棄」であった。清国が不平等条約を締結させられたのは、アヘン戦争後の南京条約（一八四二年）や天津《てんしん》条約（一八五八年）からであった。これらの条約に基づき、列強は租借地、鉄道、借款などの利権を拡大し、一九〇〇年頃には清のほとんどを分割していた。こうしたシナ大陸における利権獲得に出遅れたアメリカは、一八九九（明治三十二）年にジョン・ヘイの門戸開放宣言を発して、利権獲得の権利を得ようとしていた。

一方、清では日清戦争を機に日本に学んで近代国家を建設しようというナショナリズムが芽生え、やがて中華民国が成立（一九一二年）すると、利権回収を要求する大きな気運へと発展した。その後、ヴェルサイユ会議を機に、こうした気運は全国規模の排日・侮日運動や主権回復運動という形で高揚していった。排日運動にはソ連のコミンテルン（国際共産党）が深く関与していたが、シナ大陸進出のために極東の国際秩序を再編しようと目《もく》論《ろ》むアメリカにとっても、中国で排日気運が高まるのは、好ましいことだった。

中国の関税は、南京条約では従価税で税率五分と協定され、それ以降も同率のままで推移していた。中国の中央財政の主な税源は、塩税と関税に限られていたことから、高税率への改定と関税自主権の回復こそ、中国がもっとも求めていたことであった。

一方で、中国には地方税として釐金《りきん》などの国内関税があり、これらが貿易上の障害であるとして、列強からは廃止することを強く求められていた。

ワシントン会議の場では、これら関税問題を一括して処理することとなった。

●まったく無視され、議題にならなかった「中国の主権回復」

会議は、アメリカの後押しで中国全権の施肇基《しじょうき》が主権回復を含む一〇項目を要求することで始まった。その後、各国全権による討議を経て、アメリカ全権であるルートによって「対中四原則」としてまとめられた。この四原則の趣旨は、中国以外の締約国相互が、シナを領土的・行政的に保全し、商工業活動における機会均等主義を尊重するというもので、条約の前文と第一条に、その精神がそのまま反映された。そこでは、中国の主権回復にも、列強の既得利権にも一切触れておらず、言葉の上では十九世紀末のアメリカ国務大臣ジョン・ヘイ以来の一般的な「機会均等」政策を再確認したにすぎないものであった。内容的にも多くの曖昧な点を含んだにもかかわらず、九カ国条約は調印された。

一方、関税交渉において施全権は、関税自主権の回復と、関税率・課税額の即時増加を要求した。これに対し列強は、時期尚早であるとして関税自主権を討議の対象外にしたが、課税額の増額と、釐金《りきん》などの廃止を条件として付加税の賦課を了承した。列強がこの関税改定を承認した背景には、中国を行政面で指導することで対中債権や対中借款への返済能力を向上させたいという意図が強く働いていた。

3　条文と解説

〔支那に関する九カ国条約（概要のみ）〕

第一条　支那国以外の締約国は、左のとおり約定する。

（一）支那の主権、独立ならびに、その領土的および行政的な保全を尊重すること。

（二）支那が自らの政府を確立・維持するために必要な機会を与えること。

（三）支那の領土を通して、一切の（全ての締約国の）国民が行なう商業および工業に対する機会均等主義を有効に樹立し、維持することに各国は尽力すること。

第三条（この条約は）一切の国民の商業および工業に対し、支那における門戸開放または機会均等の主義を一層有効に適用することを目的とする。このため、支那国以外の締約国は、支那の特定地域において商業上または経済上の発展に関し、自己の利益のため一般的に（他国よりも）優越した権利を設定するような取り決めや、個別的な優越権の設定を要求してはならず、また自国民にもこれらを要求させないように努めることを約束する。

【解説】全九条からなる九カ国条約の前文と第一条は、ルートによる「対中四原則」を条文化したものであり、これらによって、列強はお互いに中国を領土的・行政的に保全し、商工業活動に対する機会均等主義を尊重することを合意したことになった。そして、第二条では中国にも第一条を守ることを約束させている。第三条では、中国以外の締約国相互間でも門戸開放、機会均等の原則を適用することを約束し、第七条では、条約条文の適用にあたって紛糾した場合には、締約国相互の交渉により解決することを約束した。なお、条約に違反した締約国への制裁については、まったく規定していない。

〔支那に関する関税協定（概要のみ）〕

第一条　締約国の代表者は、これまでに支那国と他国との間で締結されている諸条約に基づき、支那の関税を現実従価の五分に相当させることを目的として、この関税の改訂に関する決議を確認し、決定された税率を受諾することを約束する。

第二条　（前略）付加税を賦課することを目的として、釐金《りきん》を急速に廃止するとともに、他の条件の履行について準備するため、特別会議により直ちに必要な措置を執らなければならない。

【解説】 全一〇条からなる関税協定は、第一条で、輸出入品の関税基準価格を改訂し、関税額を現実の五分へ引き上げることを約束した。第二条では、釐金など中国の因習的な税制を廃止することを条件に、中国が要求している付加税率を認めることを約束し、その準備のため関係諸国の特別会議の開催を約束した。なお、条文にはされなかったが、すでにイギリス、アメリカと日本が付加税率を七分五厘にすることを約束しており、これを本協定で定める関税（現実従価の五分）に加えると、一割二分五厘の関税率となる予定であった。

これらの条約、協定以外に「支那に於ける治外法権に関する決議」がある。これは、中国の現状では直ちに治外法権撤廃はできないが、関係国間で委員会を組織し、現状を調査することで、撤廃にいたる手段を勧告することを取り決めたものである。

4　条約は、その後の歴史をどう変えたか

●有効性に疑問があった九カ国条約

九カ国条約は、その前文で「政策を採用することを希望し」とあるように、多国間の共同政策を定めたものに過ぎず、国際条約としての実質を欠いていた。例えば、「領土的および行政的な保全を尊重する」にしても、極端な場合はシナ大陸での外国人の居住と活動を放棄すべきであるとの解釈も可能であるし、それに違反する事例とは、具体的に何なのかを誰も説明できない。このように、抽象的で曖昧な規定だらけであった。さらに門戸開放・機会均等の原則について、第一条（三）で「支那の領土を通して」と表現されたが、これは明らかに原則を拡大し、再定義したものであり、無限定の拡大解釈の余地を与えていた。ジョン・ヘイの門戸開放宣言以来、この原則は列強の各勢力範囲内における他国民の商業活動の自由を許容するものと定義されていたが、九カ国条約では、それをシナ大陸に拡大してしまったのである。日本全権の幣原喜重郎《しではらきじゅうろう》はこれに気づき、ワシントン会議の議長・ヒューズ（アメリカ国務長官）に質問したが、その曖昧《あいまい》な回答を深く追及することもなく、条約を受け入れた。そして、この新たな原則を改めて確認した条約第三条を受けて、日本の満蒙《まんもう》利権を承認していた「石井＝ランシング協定」が廃棄された。

これに関連して、会議ではフランス全権ブリアン首相が、まず「支那とは何か」を定義すべきであると提案したが、ヒューズはこの議論を拒否し、単に「支那」という言葉を用いて条文を作成した。このことが満洲、蒙古の国際条約上の地位をきわめて曖昧なものにした。事実、後になって日本の活動は、中国のみならず満蒙におけるものまで、すべてこの条約により断罪されたのである。

●ワシントン体制下の国家戦略

ワシントン会議の結果、日本は第一次大戦で得た山東を返還し、山東と漢口《かんこう》から撤兵することを余儀なくされた。また、九カ国条約で中国における優越的な地位を失い、四カ国条約では日英同盟を廃棄させられた。さらに軍縮条約では対米六割を強《し》いられ、加えてすでに成立していた新四カ国借款団により、日本単独で対中借款を行なうことも制限されていた。

このように、会議の結果はアメリカの思惑どおりになり、日本にとっては惨憺《さんたん》たるものであった。しかし、当時の日本とアメリカ、イギリスの力関係から、やむなくこれを受け入れたのである。

この新秩序のもとでは、日本の主敵は、ワシントン体制外にあるソ連、ドイツ、そして当時、ソ連・コミンテルンの影響下にあった中国の排外反日勢力であった。アメリカ、イギリスとて信頼できる相手ではなかったが、それでもこれら二強国と表面的に協調して、ソ連、中国、そしてドイツと対峙しながら、満洲の権益を核とする在中権益を擁護し、拡大していくという構図を日本の基本戦略とせざるを得なかった。

●国家戦略を喪失した日本

ワシントン体制を受け入れた日本は、ワシントン体制をあくまで一時的なものと捉えようとした軍部と、幣原外交に代表されるようにワシントン体制下での対米協調路線を重視した政党内閣との間で方針が一致せず、政治・軍事を一貫した「国家戦略構想」が確立できなかった。

このように国論が分裂して国家としての基本戦略があやふやになったばかりか、日英同盟を失い、多国間条約体制という不安定な条件のもとで外交を処していかなければならなくなった日本は、悪化する国際環境に打開策を持つこともできずに漂流した。その結果、一九三一（昭和六）年の満洲事変が起きることになり、それ以降の日本は、国際的に孤立しながらも独自で、国家の生存だけを優先して行動することを余儀なくされた。

これに対し、アメリカや中国は、満洲事変や支那事変などで九カ国条約を都合良く拡大解釈し、これを根拠として激しい対日非難を繰り広げた。さらに、この条約は極東国際軍事裁判（東京裁判）における日本断罪にも大いに活用されたのであった。

5 条約をめぐるエピソード

●不問にされた九カ国条約第三条の欠陥

九カ国条約第三条は、特定地域における一般的優越権利と、政府、企業、個人による個々の場合の独占権、優先権設定を禁止したが、この独占権、優先権と判断される場合の要件は何か、などといった具体的なことが一切不明であった。このことを疑問に思った英国全権バルフォアは、議長であるアメリカ国務長官ヒューズに質問した。

「鉄道、電信、電話などを考えてみると、これらは必然的に独占的性質を有する企業が発生するのは、ほぼ確実であるのだが、これらのケースに第三条をどのように適用するというのか？ また、国際紛争が生じないようにするには、（この第三条を）どのように適用するのか、まったくイメージできないので、説明してほしい」

痛いところを論理的に突かれたヒューズは、それでも平然として、次のように回答したという。

「個々の偶発的な事例をことごとく予見することは、素《もと》より不可能である。のみならず、その必要もまったくない……」

おそらくそうした懸念を持つこともなく喜んで賛同していたのは、日本全権・幣原喜重郎だけだったのではなかろうか。

こうして、九カ国条約は漠然とした文言のまま調印されることになったのである。

（安藤　豊）

14　ロンドン海軍軍縮条約

一九三〇（昭和五）年一月二十一日

1　イントロダクション

一九三〇（昭和五）年に締結されたロンドン海軍軍縮条約は、一九二一（大正十）年に締結された「海軍軍備制限に関する条約」（以下「ワシントン条約」）の不備を補い、列強諸国、すなわち第一次世界大戦の戦勝国であるイギリス、アメリカ、日本、フランス、イタリアの海軍力をさらに縮減することを目的としたものである。主力艦及び空母の新造船禁止期間の延長などを定めた五カ国間の協定と、ワシントン条約で対象外とされた補助艦を制限する三カ国（イギリス、アメリカ、日本）間の協定から成る。いずれも一九三六（昭和十一）年末までを期限とした暫定的な条約であったが、新条約の成立を見ることなく暫定期限に消滅した。

2 条約調印への道

●建艦競争の再現とロンドン軍縮会議の開催

ワシントン条約は、主力艦である戦艦・巡洋戦艦の保有量を制限することにより、各国の建艦競争に歯止めをかけ、各国の財政負担を軽減し、また国際協調を促進する上である程度の成果があった。しかし、この条約では巡洋艦・駆逐艦・潜水艦などの補助艦の保有隻数を制限していなかったため、各国は巡洋艦を主力艦級に大型化して多数建造する等、建艦競争が再現しつつあった。そのため、海軍の補助艦についてのみ軍縮協定を作成することになり、一九二七（昭和二）年にジュネーブ軍縮会議が開催された。しかし、この会議にはフランスとイタリアが参加せず、アメリカとイギリスが対立したことから不調に終わった。この対立の背景には、アメリカに対する優位を維持したいイギリスの思惑があった。

アメリカでは、一九二四（大正十三）年に大西洋・太平洋両洋作戦計画が成立し、海軍大拡張計画が下院を通過していた。アメリカが太平洋における海軍力増強を進めているという事実は、当時の日本海軍に強い焦燥感を与えていた。

一九二九（昭和四）年には、アメリカとイギリスで政権が交代し、それを機に両国で

「対等の海軍力」保持を原則とする軍縮交渉が行なわれ、九月には妥協が成立した。このことは、イギリスが世界最強の海軍国という地位をアメリカに譲ったことを意味していた。この妥協を受けて、イギリスの招請により翌一九三〇（昭和五）年一月、ロンドン軍縮会議が開催された。

アメリカとイギリスの妥協はすでに成立しており、フランスとイタリアもアメリカの提案する補助艦保有率への態度を明らかにしていたので、会議の焦点は、日本が補助艦の保有率を対米六割とすることに同意するかどうかであった。

●日本の要求と条約調印

日本で会議の招請状を受けたのは、一九二九年七月二日に成立した濱口雄幸《はまぐちおさち》内閣（民政党）であった。当時の日本は、第一次大戦の戦後不況、一九二三（大正十二）年の関東大震災、一九二七（昭和二）年の金融恐慌と不況などにより深刻な財政難であった。また、前年には中国（中華民国）で北伐が完成し、国民党が全土を統一していたことから、中国との関係は新たな局面を迎えていた。濱口内閣の政策は、幣原喜重郎《しではらきじゅうろう》外相の国際協調外交と、井上準之助《いのうえじゅんのすけ》蔵相の緊縮財政・金解禁政策を両輪としながら、軍縮の促進も掲げていた。このため、軍縮会議の招請を受けた濱口内閣は直ちに参加を表明し、会議に臨《のぞ》む日本の方針を次のように決定した。

一、会議参加の目的は、「国防の安固」と「国民負担の軽減」「列国間の平和親交」の促進にある。

二、国防のため自衛上必要とする最小限の軍備を確保する。

三、補助艦に関しては次の三原則を要求する。

①八インチ砲搭載大型巡洋艦（重巡洋艦）の対米七割を確保する。

②潜水艦は縮小の対象とせず、現保有量七万八〇〇〇トンを維持する。

③以上二つを条件として、補助艦の保有量を総括的に対米七割とする。

この当時、日本海軍はワシントン条約による制約の下で、巡洋艦、潜水艦を重用する対米漸減邀撃《ようげき》作戦に活路を見出そうとしていた。それゆえにこの三原則は、日本にとって譲歩の余地がない要求と考えられた。

会議では、若槻禮次郎《わかつきれいじろう》を筆頭とする日本全権団が三原則を実現するために粘り強く交渉し、一時は流会さえも危ぶまれた。そこでイギリスが斡旋し、補助艦は総括対米比率六割九分七厘五毛、潜水艦は保有量を削減した上で日米英同数とするなどの内容の妥協案が成立した。これらは日本の要求を完全に満たしているとは言い難いものであったが、それでも若槻全権は「三原則の趣旨は満たされている」と判断し、日本政府に受け入れたいと伝えてきた。濱口内閣は、海軍軍令部の強硬な反対を押切って、この対米比率六割九分七厘五毛の妥協案の受諾を回答した。

3 条文と解説

条約文はきわめて細かく、複雑であるので冒頭、第一編の第一条のみを記し、以下、全体構成を示す。

第一編

第一条　締約国は一九二二年二月六日「ワシントン」に於いて相互の間に署名せられ、かつ本条約に於いて「ワシントン」条約と称せらるる海軍軍備制限に関する第二章第三節に規定せらるる、主力艦代換トン数の龍骨据付《りゅうこつすえつけ》の自国の権利を、一九三一年乃至《ないし》一九三六年の期間中行使せざることを約す。


第一編（第一条〜第五条）主力艦及び航空母艦に関する五カ国協定で、ワシントン海軍軍縮会議の一部修正に関する規定。

第二編（第六条〜第十三条）潜水艦の艦型制限及び制限外艦艇、特殊艦艇、並びに補助艦各艦種の代換造船に関する五カ国協定。

第三編（第十四条〜第二十一条）巡洋艦などの補助艦の保有量並びに特別代換造船に関する三カ国協定。

第四編（第二十二条）潜水艦の商船に対する使用制限に関する五カ国協定。

第五編（第二十三条〜第二十六条）効力規定　批准手続き規定。

【**解説**】第一編第一条で、ワシントン条約で一九三一年までと規定された主力艦についての軍備制限を、締約国が一九三一年から一九三六年の期間中も遵守することを約束し、第二条以下では艦種ごとの保有量を各国の国力に応じた比率で定めた。
主力艦については、一隻あたりの基準排水量の上限と備砲の種類・数をワシントン条約と同じとし、新規造船の凍結期間を五年間延長するとともに保有隻数を削減した。これにより、アメリカは三隻、イギリスは五隻、日本は一隻を廃棄した。

航空母艦については、一隻あたりの基準排水量の上限を二万七〇〇〇トンとし、保有量、備砲の種類・数についてはワシントン条約の規定を準用した。また、ワシントン条約では規制の対象外であった一万トン以下の軽空母も保有量制限内に含ませた。

ここまでは、英・米・日・仏・伊五カ国間で協定が成立した。

つづいて三カ国間の協定では、一九三六年末に達成すべき補助艦の艦種別制限を定め、その総保有量をイギリス・アメリカ一〇に対して、日本六・九七五とした。

重巡洋艦（六・一インチ以上、八インチ以下の砲を搭載）については、一隻あたりの排水量の上限を一万トン、下限を一八五〇トンと規定するとともに、合計排水量の上限をアメリカ一八万トン、イギリス一四万六八〇〇トン、日本一〇万八〇〇〇トンとした。

軽巡洋艦、駆逐艦、潜水艦についても、同様に細かい規定を取り決めた。そして、第五編第二十三条でこの条約の有効期限を一九三六年十二月三十一日までとし、締約国は新条約を作成するために一九三五年に会議を開催することとした。

4　条約は、その後の歴史をどう変えたか

●統帥権干犯問題《とうすいけんかんぱん》

ロンドン海軍軍縮条約の調印により、濱口内閣が掲げた「軍縮の推進」という政策は実現した。しかし、軍人が主導していたワシントン条約とは異なり、政府官僚の主導で締結されたロンドン海軍軍縮条約は、大日本帝国憲法で定められた天皇の「統帥権《とうすいけん》」を侵犯しているのではないか、という統帥権干犯《かんぱん》問題を引き起こした。

当時の憲法上は、軍の統帥と兵力量は天皇大権であり、その輔弼《ほひつ》機関は軍部であるとされていたが、条約の調印にいたる過程で、海軍軍令部の反対意見を内閣が無視したのは、この天皇の大権を侵すものであるというのである。このことが政争の手段として利用されたことで、条約内容とは別に大きな政治的混乱をもたらすこととなる。

この問題は、閣議決定後、海軍軍令部長・加藤寛治《かとうひろはる》（ワシントン会議における海軍全権代表）が慎重審議の必要性を天皇に上奏したことで表面化し、これを民間の軍縮反対勢力が問題視した。その尻馬に乗る形で野党立憲政友会の鳩山一郎《はとやまいちろう》が濱口内閣を倒すための材料に使ったことで、世に広まったものである。

これが統帥権干犯に該当するかどうかについては、陸海軍それぞれで検討がなされた

が、憲法解釈上、大きな問題はないものとされた。しかしこの政争の過程で、海軍内では軍令部の発言権が強まり、対米強硬派（艦隊派）が海軍主流を占めるようになっていった。

条約の交渉過程で濱口から相談を受けた山梨勝之進《やまなしかつのしん》海軍次官などは、受諾やむなしと判断していた。しかし、同じ海軍省内の軍令部だけは、この条約によりせっかく築いた補助艦の対米優位が五年以内に消失することに激しく抵抗した。この海軍省内の意見の違いは、後に条約派と艦隊派の対立といわれた。艦隊派の言い分には、抑止力としての軍備均衡を維持するため、他国に左右されず自主的に国防政策を決めるべしという正論があった。

この統帥権干犯問題は、海軍長老の岡田啓介《おかだけいすけ》（軍事参事官）の斡旋調停と濱口の強硬な行政手続で、海軍軍令部が抑え込まれる形で決着した。しかし、当時の国際情勢の険悪化を背景に、その後の海軍主流を占めていった艦隊派は、ワシントン・ロンドン両条約からの脱退を主唱し、また条約受諾を決定する際に内閣に認めさせていた補充計画を二次にわたって実現させ、ロンドン海軍軍縮条約を骨抜きにしていった。

●政党内閣の終焉とワシントン・ロンドン両条約からの脱退

一九三〇（昭和五）年十一月、濱口首相は愛国社の佐郷屋留雄《さごうやとめお》によって銃撃され、翌年四月には内閣が総辞職した。同年九月に満洲事変が勃発し、一九三二（昭和七）年には五・一五事件で犬養《いぬかい》首相などが殺害され、政党内閣は終焉《しゅうえん》を迎えた。

このように、ロンドン海軍軍縮条約の締結は、国内において軍縮と財政軽減の実効性が薄く、政治的混乱を派生させ、加えて軍部の政治的役割を高める結末を生んだ。

一九三五（昭和十）年に本条約の規定どおり軍縮会議が開かれることになったが、それに先立って行なわれた予備交渉が不調に終わったため、日本は、明らかに破綻状態になっていたワシントン体制下の、シナ大陸における情勢の険悪化を背景として、一九三四（昭和九）年十二月にワシントン条約の破棄を通告し、一九三六（昭和十一）年一月にはロンドン海軍軍縮条約からも脱退した。

そして同年十二月、ワシントン条約が失効すると、国際社会は海軍軍備無条約時代へと突入した。

5 条約をめぐるエピソード

●濱口雄幸《はまぐちおさち》の硬直的態度がまねいた政治混乱

ロンドン海軍軍縮条約を締結した首相である濱口雄幸は、厳粛で曲がったことが嫌いな「硬骨漢」であった。そうした面が多くの国民が好感を寄せていた理由の一つでもあった。そのような濱口であるから、首相に就任したときには、家族にも「たとえ玉砕したとしても、それが男子の本懐《ほんかい》ではないか」と語ったという。しかし、このような濱口の人格は、時に政府専断の印象を与えることにも繫がった。

例えば、海軍軍令部長・加藤寛治は、若槻全権が日本政府に「対米比率六割九分七厘五毛の妥協案」を受け入れたいと伝えてきたことに対して、消極的ではあれ容認する考えであった。しかし、濱口から条約締結後の海軍艦艇の補充計画の確約を得るため、すぐには態度を表明せずに粘った。そこで間に立った岡田啓介は、加藤の面子《メンツ》を立てるため、もう一押しロンドンに要請してほしいと申し出たところ、濱口はこれをにべもなく拒否した。また、全権が指示を求めてきたことへの回答を決定する際も、軍令部の意向を無視して強引にこれを進めた。このように硬直した政治手法は、海軍軍令部の感情を逆撫《さかな》でして問題をこじらせ、しかも海軍省の条約派の立場を困難なものにした。

統帥権問題においても、最初は鳩山に対して「外務大臣の外交も、外交大権を侵していることになってしまう」といった正論を唱えて反論していたが、その後は問答無用を貫き、論戦相手を愚弄《ぐろう》しているかのような態度をとった。さらに、枢密院《すうみついん》に対しても求められた書類の提供を拒否するなどにより、関係を悪化させた。

『東洋経済新報』の石橋湛山《いしばしたんざん》は、こうした濱口のやり方について、「同じ結論に達するにしても、その討議を十分に尽くした上で、そこに至らしめるのと、そうではないのとでは、人が受ける感銘がまったく違う。デモクラシーが近代政治の『要義』とされるのに至ったゆえんはそこあるのだ……」として、濱口を厳しく批判していた。

（安藤　豊）

15　日独伊三国軍事同盟

一九四〇（昭和十五）年九月二十七日

1　イントロダクション

一九四〇（昭和十五）年九月二十七日、「日独伊同盟条約」に基づき、ベルリンにおいて日本、ドイツ、イタリアの間で締結された三国間の軍事同盟。条約の目的は、アメリカの第二次欧州大戦への参戦阻止だったが、日本にとっては米英に蔣介石《しょうかいせき》への援助を打ち切らせ、我が国がアジアで主導権を握るという思惑もあった。しかしその結果は、締結の当事者だった松岡洋右《まつおかようすけ》外相の狙いを大きく外れ、反発したアメリカは、逆に対蔣援助を増強するとともに、日本への経済圧迫を強化した。さらに、その後の日本の南方進出に対しても、アメリカは石油の供給を停止し、追い詰められた我が国は、やがて大東亜戦争へと突入していくこととなる。

明治維新以来の日本外交の基本線は、米英との親善を基調とした欧米帝国主義列強との協調路線だった。しかし満洲事変以降の国際的な孤立のなかで、日本はドイツ、イタリアとの同盟関係を選んでしまった。

2　同盟調印への道

●ドイツとの防共協定

一九一七（大正六）年、ロシア革命が起こり、ロシアはソビエト連邦（ソ連）となった。ソ連はコミンテルンを設立して、世界革命の本部とし、世界の共産化を進める活動を始めたのである。コミンテルンとは、共産主義インターナショナル、つまり、世界各国の共産党の国際組織をいう。

コミンテルンの目的は、規約の第一条に書いてある通り、全世界ソビエト社会主義共和国連邦を作ることにあった。モスクワに集められた共産主義者は、自国に帰って共産党を作り、暴力革命により共産主義政権を作った後は、モスクワの指令によって動くように命令された。

その目的のもとに、一九二二（大正十一）年に日本共産党が結党された。日本共産党は、コミンテルン日本支部として位置づけられた。のちに元朝日新聞記者だった尾崎秀実《おざきほつみ》がゾルゲと組んでスパイ活動をし、必要な情報をスターリンに届けることになるのは、共産主義者としては当たり前のことであった。

当時の我が国は、コミンテルンによる共産化工作を食い止めるために、ドイツと防共協定を結んでいた。防共協定とは、「お互いにソ連からの脅威を受けたときには、ソ連の負担を軽くする措置をとらないこと」という取り決めである。積極的に軍事的な協力を申し合わせたわけではない。

●陸軍と海軍との対立

一九三七（昭和十二）年に勃発した支那事変が長期化してくると、軍部としては、なおのこと、ソ連と事《こと》を構える余裕がなくなってきた。そのため、ドイツをして背後からソ連を牽制することを求め、ドイツに対して防共協定の強化を提案したのである。

しかし、ドイツからの回答には、予期していない条件が付与されていた。すなわち、イタリアを加えて日独伊三国軍事同盟とし、仮想敵国をソ連だけではなく、英・仏両国にも拡大すること、そして、もしドイツが英・仏と戦争になれば、日本は無条件で英・仏と戦うことを条件として盛り込んできた。

日本国内では、ドイツの要求を受け入れようとする陸軍と、これを拒否しようとする海軍とが激しく対立することになる。

海軍としては「もしドイツが英・仏と戦うことになれば、日本も英・仏と戦うことになる。しかし、それだけではすまされない。必ず、アメリカが英・仏に荷担して参戦してくることになるであろう。そうなると日本に勝ち目はなくなる」として、強硬に反対した。

それに対して陸軍は「ドイツは、先の第一次大戦で辛酸《しんさん》を嘗《な》めているので、英・仏・米を相手に戦うことはない。支那事変で苦しむ日本の隙を狙い、ソ連が満洲との国境付近から攻め込むのを何としても防ぎたい」と反論した。

そうした最中の一九三九（昭和十四）年八月二十三日、突然ドイツは日本に断わりなく、ソ連と不可侵条約を結んだ。近衛《このえ》内閣から引き継いで日独伊軍事同盟の締結交渉を進めてきた平沼騏一郎《ひらぬまきいちろう》内閣は、次のような声明を出して総辞職する。

「今回締結せられた独ソ不可侵条約に依《よ》り、欧州の天地は複雑怪奇なる新情勢を生じた……」

このなかの「複雑怪奇」という言葉は、一時は流行語ともなったほどである。

●ドイツの快進撃

翌一九四〇（昭和十五）年四月、ドイツは突如ヨーロッパの各国に対して軍事行動を始める。破竹の勢いでノルウェー、デンマークを制圧すると、ベルギー、オランダ、フランスまでも攻略し、イギリスにまでも迫る勢いを示した。支那事変で泥沼にはまっていた陸軍の目に、ドイツの快進撃は神業《かみわざ》のように映った。このような状況下において、日本とドイツとソ連の連携という策が浮上してきた。

ドイツは、ソ連と不可侵条約を結ぶ一方で、近い将来にソ連と一戦交える決意をしていた。そのため、東方からソ連を牽制するために、再び日本との軍事同盟を提案した。海軍も、ドイツがヨーロッパで戦う場合に日本に軍事的援助を求めないという保証を得たことから、あっさりと締結に賛成することになった。同年九月二十七日、日独伊三国軍事同盟は締結された。

●近衛文麿《このえふみまろ》首相の苦悩

当時の近衛首相の手記（『平和への努力』一九四六年、日本電報通信社）には、次のように書かれてあった。

「……日米関係は悪化し、ことに支那事変以来両国国交は極度に行詰《ゆきづ》まった。かかる形勢では松岡外相の云える如く、もはや礼譲や親善希求のみでは国交改善の余地はない。歴代の外相、ことに有田《ありた》、野村《のむら》両外相は対米交渉で日米間最大の問題たる支那問題について了解に達せんと惨澹《さんたん》たる努力を重ねたが何らの効なく、もはや米国相手の話合いによっては解決は絶望視されるにいたった。ここにおいて唯一の打開策は独伊、さらにソ連と結んで米国を反省させる外《ほか》なくなった。すなわち日独ソの連携も最後の狙いは対米国交調整であり、その結果としての支那事変解決であった。余《よ》は対ソ警戒論者であった。対ソ接近を好まざる余が日独ソの連携に賛成したのは、これが米国との了解に達する唯一の途《みち》と考えられたのみならず、ソ連の危険は日独が東西よりソ連を牽制することで緩和し得ると信じたからである」

しかしながら、一九四一（昭和十六）年の夏に独ソ間で戦争が始まると、日本とドイツ、ソ連が連携する望みは完全に絶たれた。同盟は、ソ連をイギリス、アメリカの陣営に追い込むことになってしまったわけである。

昭和天皇は三国同盟締結時に、近衛首相に対し「今暫《しばら》くドイツとソ連との関係を見極めた上で締結しても遅くはないのではないか」と仰《おお》せられた。後にして思えば、ご聡明な思し召しであった。三国同盟は、日米開戦を避けるための手段だったにもかかわらず、日米開戦を引き起こした大失策であったと言われるにいたる。

3 条文と解説

全六条から成るが、前文と主要箇所の現代語訳を掲げる。

大日本帝国、ドイツ、イタリアの政府は、世界各国の恒久平和のために、大東亜、ヨーロッパの地域において、各々その地域における当該民族の共存共栄の実をあげるための新秩序を建設し、それを維持することを根本義とし、その趣旨において、相互に提携し協力することを決意した。そして、三国政府は世界の至るところにおいても諸国に対し協力を惜しまないことを誓い、世界平和に対する抱負を実現させようと欲し、以下の協定を結ぶ。

第一条　日本は、ドイツとイタリアがヨーロッパにおける新秩序建設に関して指導的な地位にあることを認め、尊重する。

第二条　ドイツとイタリアは、日本が東アジアにおける新秩序建設に関し指導的な地位にあることを認め、尊重する。

第三条　日本、ドイツ、イタリアは、前記の方針に基づいてお互いに協力すべきことを約束する。このうちいずれかの一国が、現在のヨーロッパでの戦争や日本と支那（中国）との紛争に参入していない国から攻撃されたときは、三国はあらゆる政治的、経済的、軍事的方法で互いに援助することを約束する。

第四条　本条約実施のため、三国の政府により任命された委員よりなる専門委員会を遅滞なく開催する。

第五条　日本、ドイツ、イタリアは、この条項が三締約国の各々とソビエト連邦との間に現存する政治問題に何の影響も及ぼさないことを確認する。

【解説】東京裁判では、三国軍事同盟は、日本とドイツ、イタリアが軍事同盟を結び、他国への侵略をたくらんだように喧伝されている。しかし、実際に三国で軍事的に共同戦線を張って戦った場面はなかった。それは、当然なことである。条文に記されていたのは、このうちいずれかの一国が、現在のヨーロッパでの戦争や日本と支那（中国）との紛争に加わっていない国から攻撃されたときは、三国はあらゆる政治的、経済的、軍事的方法で互いに援助することを約束するという程度のものだったからである。

4　同盟は、その後の歴史をどう変えたか

●日ソ中立条約の締結と独ソ開戦

三国軍事同盟締結後の一九四一（昭和十六）年四月、ヨーロッパを訪問中の松岡洋右外相により、日ソ中立条約が締結された。これにより、長い間北方から突きつけられてきたソ連の脅威が取り除かれたこととなり、国民は、喜びに沸き、松岡外相は大歓声のなか帰国する。

だが、その二カ月後の六月二十二日、独ソ開戦の報が日本に届く。

先に、日独伊三国軍事同盟が締結された際には、三国にソ連を加えた日独伊ソの四国同盟にするという密約が交わされていた。そこで、ヒトラーは、ソ連を三国同盟に引き入れる交渉を進めていた。ソ連は、この交渉に応じるも、その条件として、バツーム及びバクーの南方からペルシャ湾に至る領土の要求をしてきた。その地域は石油の豊富な埋蔵地であった。ヒトラーはこれに激怒し、同盟交渉はご破算になった。ここに日本が三国同盟に

期待した目論見《もくろみ》は、もろくも崩れ去ったのである。

だが独ソ戦が始まり、ドイツ軍が破竹の進撃でソ連領内に突入すると、日本陸軍の中にも、今こそドイツと手を結んでソ連を討つべしという気運が沸き起こってきた。

一九四一（昭和十六）年七月より、我が国内では軍隊の大動員計画が行なわれ、部隊が内地から次々と満洲の地へ送られるようになった。その数は一四箇師団にも上り、その結果、関東軍の兵力は七四万人となった。当時の陸軍は、独ソが戦えば、必ずやドイツが勝利するものと見ていた。そこで、我が国は、ソ連の敗北を見極めてから参戦する策を固め、その下準備として師団を増派したのである。この軍備増強政策を「関東軍特種演習」、略して「関特演」と称した。

●ソ連のスパイ、尾崎秀実《おざきほつみ》とリヒャルト・ゾルゲによる通報

ソ連のスパイであったゾルゲは、独ソ開戦の一カ月前から、七〇箇師団から一九〇箇師団のドイツ軍がモスクワに向けられることをソ連に知らせていた。さらに、我が国がソ連に宣戦するときは、シベリアにおけるソ連軍の兵力が関東軍のおよそ半数に減ったときであるという条件まで報告していた。さらに七月二日の御前会議において日本の方針が南進

論に決したこと、それにともなっていったん満洲に集められた兵力が順次南方に移動している情報まで流した。それによってスターリンは、ソ満国境に配置された精鋭部隊をモスクワ前面に移送して、対独戦に投入することができた。

さらに、日本を敗戦に導く要因となった彼らの活動のもう一つは、日本をアメリカとの戦争に追い込んだことである。尾崎秀実は近衛首相の側近に対し、ソ連はたやすく崩壊することもなく、厳寒のシベリアを占領しても日本に益するものは何もないと説くと同時に、南進すべきことを吹き込んだ。こうして日本を英米と戦わせることに成功したのである。

5 条約をめぐるエピソード

●松岡洋右《まつおかようすけ》外相の真意

三国同盟締結の当事者であった松岡外相の胸中には、次のような和平構想が描かれていた。

「帰国後、六月二十七日に、重慶《じゅうけい》へ赴《おもむ》き、蔣介石と差しで話し合う。直ちに、チャイナ・クリッパー機で一緒に米国へ飛んで、ルーズヴェルトを交えた三人で膝つき合せて、支那事変解決の話をつける。事変解決の条件として満洲国の承認と冀東《きとう》地区の中立化だけとし、ただこれだけの約束で、日本は支那と仏印から一兵も残さず撤兵する」

これが、松岡の東亜和平の構想だった（岡村《おかむら》二一《にいち》「回想の松岡洋右」『正論』一九七七年一月号所収）。

独ソ戦という事態が発生しなかったならば、この和平構想が実行に移されていたかもしれない。後日、日米開戦の報を病床で聞いた松岡は、涙を流してこう語った。

「三国同盟は僕一生の不覚だった。……三国同盟はアメリカの参戦防止によって世界戦争の再起を予防し、世界の平和を回復し、国家を泰山《たいざん》の安きにおくことを目的としたのだが、事ことごとく志と違い、今度のような不祥事件の遠因と考えられるに至った。これを思うと、死んでも死にきれない。陛下に対し奉《たてまつ》り、大和民族八千万同胞に対し何ともお詫《わ》びの仕様がない」（前掲書）

（竹内孝彦）

16 日ソ中立条約

一九四一（昭和十六）年四月十三日

1 イントロダクション

一九四一（昭和十六）年四月十三日、モスクワで調印された日本とソ連との中立条約。全三条（第四条は批准についての約定）からなる。

この条約は日独伊三国同盟にソ連を加え「四国同盟」を実現してアメリカに対抗しようとする日本政府の構想に基づくものだったが、調印二カ月後の六月二十二日、ドイツがソ連に侵攻し独ソ戦が始まったことで構想は破綻《はたん》した。一九四五（昭和二十）年四月、ソ連はこの条約を延長しないと通告。八月八日、ソ連は中立条約を破棄して対日宣戦布告し、九日、満洲と南樺太に侵攻した。

2 条約調印への道

●ドイツを選んだ日本

一九三九（昭和十四）年九月一日、ドイツはポーランドに陸と空から電撃的に侵攻した。ポーランドと同盟を結んでいたイギリスとフランスはドイツに宣戦布告して、第二次世界大戦が始まった。ドイツはポーランド侵攻の前に、ソ連と不可侵条約を結んでいた。それどころか、独ソ間にはポーランド分割の密約すらあった。

こうして第二次世界大戦では、一方の側にイギリス、フランスと、これを支援しようとするアメリカの陣営が、他方の側にドイツとこれに連携するソ連の陣営が形成された。日本はどちら側につくか、あるいは中立を守るか、決断を迫られた。

一九四〇（昭和十五）年、ドイツは西ヨーロッパに侵攻し、パリに入城してフランスを降伏させた。ドイツの緒戦の進撃はめざましいものがあり、そのまま全ヨーロッパを席巻《せっけん》しかねない勢いだった。

この動きに幻惑されて、日本がドイツの側につくことを決めたのが、日独伊三国同盟だった。それによって日本とアメリカの関係は当然ながら悪化していった。そうした流れのなかで浮上したのが日ソ中立条約だったのだ。

●条約にこめられた三つの狙い

日ソ中立条約を推進したのは、日独伊三国同盟と同様、一九四〇年七月成立の第二次近衛文麿《このえふみまろ》内閣で外務大臣になった松岡洋右《まつおかようすけ》だった。この条約を構想するにあたっての日本側の狙いをまとめると、三つに絞られる。

その第一は、日独伊三国同盟にソ連を加えた「四国同盟」構想というべきもので、この条約は、三国同盟にソ連を引き入れることを主な動機として考えられたのである。その究極の目的は、アメリカと戦争することではなく、逆に、アメリカとの戦争を避けることだった。四国が結束することによってアメリカに圧力をかければアメリカとの戦争が避けられる、というのが松岡の狙いだった。

第二に、日ソ中立条約は、日本が南方に進出する上で、ソ連に背後を脅かされないようにするためでもあった。日本では、この時期、ソ連の動きを抑えることを重んじる北進論と、東南アジアに進出し南方の石油資源などを獲得すべきだとする南進論の二つの国家戦略をめぐり、意見の対立があった。陸軍は伝統的に北進論の考え方が強く、ソ連の侵略を警戒していた。それに対し、海軍は南進論の傾向があったといえる。

近衛が第二次内閣をスタートさせた頃から、南進論が強まった。しかし、日本が東南アジアに進出すれば、そこは米英蘭の植民地であるから、これらの国との争いを覚悟しなければならなくなる。北進か南進かは、日本国家の運命を分ける重大な選択だった。日本がソ連と中立条約を結ぶということは、南進政策をとることと結びついていた。

第三は、モスクワから蔣介石への軍事援助の停止を取り付ける目的があった。当時、日本は中国との戦争が泥沼に陥っていたが、その原因は、米英ソなどからの援助物資が中国に絶え間なく送られていたからである。日本は日ソ中立条約の締結によって、ソ連に蔣介石への援助の停止を求めようとしたのである。

●松岡外相の活躍

松岡は行動的な外務大臣で、一九四一年の三月から四月にかけて、みずからドイツ、イタリア、ソ連を訪問した。松岡は、日ソ間の条約を締結するにあたって、ドイツの同意と仲介を期待した。ドイツは日本と日独伊三国同盟を締結したばかりであり、ソ連とも独ソ不可侵条約を結んでいたからである。松岡は、まずモスクワに寄ってスターリンやモロトフ外相と会い、その後ドイツとイタリアを訪問してヒトラーの仲介を取り付け、再びモスクワで条約の調印を目指すという段取りを立てた。

ドイツに乗り込んだ松岡は、整列したヒトラー・ユーゲントの「ハイル・マツオカ！」の歓声に迎えられた。しかし、ヒトラーは、日本がシンガポールの英国基地を攻撃することを熱心にすすめたが、ソ連との仲介には意欲を示さなかった。実はこのとき、ドイツはすでにソ連への軍事侵攻計画（バルバロッサ作戦）を決めていたのだ。しかし、それを松岡には一切知らせなかった。

松岡は復路のソ連との交渉では、ドイツの協力がないまま単独で臨まなければならなかった。モロトフ外相との交渉は難航したが、決裂寸前のところでスターリンが登場し、急転直下、日ソ中立条約は成立した。帰国した松岡は、国民から歓呼の声で迎えられた。

3 条文と解説

第一条　両締約国は、両国間に平和及び友好の関係を維持し、かつ相互に他方締約国の領土の保全及び不可侵を尊重すべきことを約す。

第二条　締約国の一方が、一または二以上の第三国よりの軍事行動の対象となる場合には、他方締約国は該紛争の全期間中、中立を守るべし。

第三条　本条約は両締約国においてその批准を了したる日より実施せらるべく、かつ五年の期間効力を有すべし。両締約国のいずれの一方も、右期間満了の一年前に本条約の廃棄を通告せざるときは、本条約は次の五年間自働的に延長せられたるものと認めらるべし。

【解説】 条約はこのように、全部で三条からなる短いものである。

第一条で、両国間の「平和及び友好の関係を維持」と、相手国の「領土の保全及び不可侵」を尊重すべきことを約束している。

第二条では、相手国が他の第三国と戦争になった場合は、戦争の全期間にわたって中立を守るべきことを述べている。

第三条で、条約の有効期間を五年間とした。期間満了の一年前にどちらかが廃棄を通告することができ、廃棄通告がなければ次の五年間、自動的に延長したとみなされる。

4 条約は、その後の歴史をどう変えたか

●各国の反応

日ソ中立条約の締結は、世界を驚かせた。主要な国々のなかで、これを歓迎したものは一国もなかった。各国は、事前の通告もなしにソ連と中立条約を結んだことに驚き、日本

への不信感をもった。アメリカのルーズベルト大統領は、日本の南進政策への警戒心を強めた。米国民の間には反ソ感情が高まり、対ソ貿易額もゼロにまでなったといわれている。

●独ソ戦の開始と日本の岐路

日ソ中立条約が締結されてから二カ月しか経たない六月二十二日、ドイツは独ソ不可侵条約を破棄し、バルト海から黒海にいたる全戦線で、突如ソ連領に侵攻した。この瞬間に、日本が目論んだ「四国同盟」構想は吹き飛んでしまった。

独ソ戦の開始は世界の情勢を瞬時に変えてしまった。アメリカは直ちにソ連に対する大規模な軍事援助を開始した。ドイツと戦っていたイギリスを支援するためである。こうして、独ソ開戦は、英米と独裁国家ソ連とを結びつける結果をもたらした。アメリカは、在米の日本資産を凍結するなど、日本にも圧力をかけ始めた。

六月三十日には、ドイツが日本に対ソ参戦を申し入れてきた。一方、ソ連は日ソ中立条約に基づき不介入を求めた。ここで、日本は、日独伊三国同盟に基づいてソ連に対する軍事行動を行なうか、それとも日ソ中立条約を守って対ソ戦を断念し、南方に進出するかの選択を迫られることになった。

松岡外相は、直ちに対ソ戦に参加すべきであると主張した。実は松岡は、ドイツに対し、もしドイツが対ソ戦を始めれば、日ソ中立条約を直ちに破棄してドイツ側に立って参戦する、つまり自分で結んだ条約を自ら破棄する、と約束していたのである。しかし、松岡のこの意見には多くの人が反対した。

七月二日、日本政府は昭和天皇の臨席のもとで開かれた御前会議で、「情勢の推移に伴う帝国国策要綱」という方針を決めた。この中には、松岡の意見も取り入れて「対ソ戦を準備する」などとの文言もあったが、方針の中心は「南方進出のため対英米戦を辞せず」に落ち着いた。これによって、日本は南進政策を国家の方針とすることになった。

コミンテルンのスパイとして活動していたゾルゲは、ドイツの新聞社の記者という肩書きを使い、日本の政府内にパイプをもち、日本が対ソ戦を決定しないように働きかけていた。七月二日の御前会議の極秘決定を知ると、ゾルゲは直ちにモスクワに電報を打った。ゾルゲの報告を受けたスターリンは、日本の対ソ侵攻がないことを知り、極東から狙撃師団を三、戦車師団二をモスクワ防衛戦に転換した。のちにゾルゲには「ソビエト連邦英雄」の称号が与えられた。

●日本の狙いは達成されたか

日本が日ソ中立条約にかけた三つの狙いは、その後どうなったであろうか。

第一に、日独伊三国同盟にソ連を加えて「四国同盟」を結成し、アメリカに対抗することで対米戦を回避するという構想は、独ソ戦の開始によって崩壊した。それはもともと実現性のない、空想的な考えだったとも言える。しかも、アメリカとの戦争を避けるどころか、むしろアメリカとの戦争を助長する結果となった。

第二に、南進政策の実行のために背後を固めるという目的は、ある程度達成されたといえるだろう。ただし、南進政策が国家戦略として妥当であったかどうかは別の問題である。

第三に、蔣介石への軍事支援を停止させるという狙いだが、ソ連は一時的に停止のポーズをとったものの、後にはさらに大規模な支援を開始するなど、蔣介石政権への支援をやめなかった。日本の狙いは達成されなかった。

●コミンテルンの大戦略

一方、条約の相手国であるソ連は、どのように考えていたのだろうか。

ソ連共産党は世界の共産主義運動を指導するために、一九一九（大正八）年にコミンテルンという国際組織をつくった。その目的は、世界中を共産主義の国にすることであった。そのため、各国に共産党を組織したが、それらはすべてコミンテルンの支部でもあり、モスクワの指令通りに活動することを義務づけられていた。

そのコミンテルンは、資本主義国どうしを戦わせることによって「漁夫の利」を得て、共産主義の勢力を世界中に拡大するという基本方針をもっていた。そのため、日本を支那事変の泥沼に引きずり込むように挑発し、国民党と日本とを戦わせることで両方を弱体化させ、中国共産党に政権をとらせようとしたのである。

さらにコミンテルンは、日本を米英と戦わせるという大戦略をもっていた。日ソ中立条約は、この大戦略からみて、ソ連にとっては大成功といえる成果であった。なぜなら、日ソ中立条約は日本を南進政策に仕向けることになり、日本と英米蘭との対立を激化させる要因となったからである。

また、より直接的には、独ソ戦でソ連がヨーロッパとアジアの二正面作戦を強いられるのを避ける上でも効果があった。もし日本がドイツと呼応してソ連に攻め込んでいれば、ソ連の共産党政権は崩壊したであろうと考える説が有力だ。

●ソ連の条約破り

第二次世界大戦で連合国の優勢が確定的となりつつあった一九四五年四月、ソ連は一九四六年四月に期限が切れる日ソ中立条約の不延長を通告してきた。すでに同年二月のヤルタ会談でソ連は対日参戦を英米と密約していたが、この通告を受けても、日本政府はソ連の日本侵攻を予想しなかった。それどころか、「中立国」のソ連に期待をかけ、和平を実現する仲介役を依頼するために奔走していたのだ。

八月六日、広島に原爆が投下されたのを知ると、ソ連は八日に有効期限内の日ソ中立条約を破棄して日本に宣戦布告し、九日午前〇時、一六〇万の大軍が満洲と南樺太の国境を越えて怒濤《どとう》のように侵攻してきた。ソ連軍は各地で殺戮、掠奪、強姦の限りをつくし、日本がポツダム宣言を受諾したにもかかわらず、千島列島を不法占拠した。そして、満洲にいた六〇万人の日本人をシベリアに強制連行した。極寒の中の強制労働で、六万人以上の日本人が命を落とした。

5　条約をめぐるエピソード

●スターリンのサプライズ演技

ソ連のモロトフ外相は、交渉中に日露戦争で失ったサハリン（樺太）と千島列島の返還を要求するなどしたが、アメリカの諜報機関はこの日ソ交渉の経過をつかんでいた。それによってアメリカは、のちのヤルタ会談で、ソ連が対日戦争に参加する見返りとしてこれらの領有を持ちかけたものと推測できる。

四回にわたって行なわれた交渉はまとまらず、松岡外相も帰国の準備を始めた四月十二日、スターリンの秘書から連絡があり、最後になって松岡とクレムリンで面会することになった。そして、わずか三〇分足らずの会談で、スターリンの鶴の一声により、日ソ中立条約は締結の運びとなった。独裁国家では、トップの決定を相手国に高く売りつけるために、このような演出がよく行なわれる。

調印式は四月十三日の午後に行なわれ、直ちに祝宴が始まった。スターリンも松岡も、しこたま酒を飲み、腕を組み合い、記念の写真に収まった。松岡は足取りがおぼつかないほど酔った。スターリンは、日本側の駐在武官の一人の耳元に小声で「これで日本も安心して南進できる」とささやいた。「悪魔のささやき」であった。

午後六時頃、帰国の途《と》につく日本の一行は、モスクワのヤロスラブリ駅に到着した。ところが、そこで思わぬハプニングが起こった。スターリンが松岡の見送りに現われたのである。独裁者が各国要人の送迎に姿を見せるなど、前代未聞のことであった。スターリンは代表団の日本人のほぼ全員と抱き合い、松岡の肩を抱いて「われわれは同じアジア人だ」などと言った。スターリンの熱烈な送別で、列車の出発は一時間も遅れてしまった。

得意満面の松岡を見送ったスターリンは、腹のなかで何を考えていたのだろうか。

●チャーチルの手紙

四月十二日、モスクワにいた松岡のもとに、イギリス首相ウィンストン・チャーチルから手紙が届いた。英国の駐ソ大使は茶目っけを出し、首相の名前にちなんで、手紙をわざわざWC（トイレ）で、極秘に松岡に渡した。その手紙の中でチャーチルは、松岡に対していくつかの問いかけをしていた。

1、一九四一年の夏から秋にかけて、制海権のないドイツが英国を征服できるでしょうか。この問題が判明するまで待つ方が、日本にとって有利ではありませんか。

2、日独伊三国同盟はアメリカの参戦を容易にしたのではありませんか。アメリカがイギリスに味方し、日本が独伊に味方するとして、英米の優秀な海軍はヨーロッパの枢軸国を処分すると同時に、日本も処分することを可能にしたのではないですか。

3、一九四一年にはアメリカの鉄鋼の生産高は七五〇〇万トン、イギリスは一二五〇万トンとなり、合計しておよそ九〇〇〇万トンとなります。万一ドイツが敗北すれば、日本の生産高七〇〇万トンでは、日本単独の戦争に不十分ではないでしょうか。

チャーチルは日本が対米英強硬路線をとることの危険性を忠告したのだが、松岡はこれを侮辱と受け取った。帰国してから松岡は「日本の外交政策は周到に考慮して決められたものであるから、ご安心くだされたい」と返事を書いた。

（藤岡信勝）

17 ポツダム宣言

一九四五（昭和二十）年七月二十六日

1 イントロダクション

第二次世界大戦末期の一九四五（昭和二十）年七月二十六日、アメリカ、イギリスおよび中華民国の首脳が日本に降伏を勧告したポツダム宣言は、世界大戦の早期終結を望むアメリカにより、強行されたものである。戦争終結の条件として、軍国主義の除去、領土と主権の制限、軍の武装解除、戦争犯罪人の処罰、連合国による占領など一三カ条を掲げている。日本政府は当初、これらを拒否したが、原子爆弾の投下とソ連の参戦を経て、八月十四日午後十一時、やむなく受諾を通達した。

2　ポツダム宣言発表への道

●中華民国の戦線脱落とカイロ宣言

　支那事変の勃発以来、日本との戦いで常に劣勢であった中華民国（中国）は、一九四三（昭和十八）年半ばから日本と休戦して単独講和を結ぶ動きに出た。中国の戦線脱落を危惧《きぐ》したアメリカ大統領ルーズベルトは、同年十一月二十二日、イギリス首相チャーチルと中国政府主席の蔣介石をエジプトのカイロに集めて会談を行なった。

　ルーズベルトは、蔣介石を連合国側の巨頭会談に加え、さらに日本の領土を割譲することなどと引き換えに、対日戦の継続を約束させ、十二月一日に声明が発表された。これを「カイロ宣言」という。その内容は中華民国を連合国側に引き止めるため、事実を無視あるいは捏造《ねつぞう》して日本を「極悪非道の侵略国」に仕立て上げ、台湾や朝鮮半島などの領土を日本から奪い取る「正当性」を主張するものであった。

●ヤルタ会談からポツダム宣言へ

　ヨーロッパ戦線においても、太平洋戦線においても、ほぼ戦いの趨勢《すうせい》が決した一九四五年二月上旬、ソ連領クリミヤ半島のヤルタに米英ソ三国の首脳が集まり、連合国側の戦後処理を話し合った（ヤルタ会談）。参加したのは、ルーズベルト、チャーチル、ソ連共産党書記長スターリンの他、三国の外相や軍首脳であった。ルーズベルトはソ連に参戦を求め、スターリンは「ドイツとの戦争が終わってから三カ月後に対日参戦する」と回答し、その代償として日本領の南樺太と千島列島を要求した。ルーズベルトはこれに合意したが、この米ソの密約（ヤルタ密約）は、領土不拡大を宣言した大西洋憲章に違反するものであった。

同年四月五日、ソ連は廃棄通告の手続きどおり「日ソ中立条約を、有効期限である一九四六（昭和二十一）年四月十三日以降は延長しない」ことを日本政府に通告した。

同年四月末、連合軍がベルリンに侵攻、五月にはドイツ軍が無条件降伏した。七月、ドイツの戦後処理について話し合うため、ベルリン郊外のポツダムにアメリカ大統領トルーマン、チャーチル、スターリンが集まった（ポツダム会談）。

ドイツの戦後処理を主要な議題として開かれたこの会談では、日本への対応について公式に協議されることはなかった。しかし、二カ月後の九月に日本本土上陸作戦を予定していたアメリカは、予想される損害があまりにも大きいため、この場を利用して少しでも早く、日本に対する降伏勧告を行ないたいと考えていた。チャーチルもこれに同意したが、本国での総選挙に大敗したことから、急遽《きゅうきょ》帰国した。そして、次の首相アトリーは、すぐには会議に参加できなかった。また、蔣介石は、ドイツと交戦していなかったために、ポツダム会談そのものに参加していなかった。

このため、チャーチルが帰国した七月二十六日、トルーマンは、日本に対する戦争終結の条件を示した「ポツダム宣言」に、一人で自分とアトリー、蔣介石の三人分の署名を行ない、米英中三国首脳の名でこれを発表した。

ソ連は、ポツダム会談に参加しながらも、日本と交戦状態になかったため、ポツダム宣言に加われなかったが、八月八日、日本に宣戦布告し、同時にポツダム宣言への参加を表明した。

3　条文と解説

ポツダム宣言全文（筆者による現代語訳）

一、われらアメリカ大統領、中華民国政府主席及びイギリス国総理大臣は、われらの数億の国民を代表して協議した結果、日本に対して、このたびの戦争を終結する機会を与えることで意見が一致した。

二、アメリカ、イギリス及び中華民国の大規模な陸、海、空軍は、ヨーロッパからアジアに自国の陸軍及び空軍を持ってきて数倍の戦力にふくれ上がり、日本に対して最後の大打撃を加える態勢を整えた。この軍事力は、日本が抵抗を終わりにするまで、日本に対して戦争を遂行しているすべての連合国の決意により支持され、かつ支援されているものである。

三、この戦争に立ち上がった世界中の自由な人民の力に対して、ドイツが行なった無益で無意義な抵抗の結果はどうであったか。これこそが、日本国民がこれから味わうかもしれないことを極めて明白に示しているのである。現在、日本に対して集結しつつある力は、ナチス・ドイツが抵抗したときに適用された、あの全てのドイツ人民の土地、産業及び生活様式をしかるべくして荒廃させた力とは比べものにならないほどに強大なものである。われらの決意に支持されたわれらの軍事力を最高度に使用すれば、日本国軍隊は避けることのできない完全な壊滅状態に陥り、また同じく、日本の本土も必然的に、完膚《かんぷ》なきまでに破滅させられることになる。

四、思慮が浅くて軽率な判断により戦争に踏み切ったことで日本帝国を滅亡の淵《ふち》にまで陥《おとしい》れた、わがままな軍国主義的指導者たちに日本が引き続き支配されるのか、又は理性に根ざした道を日本がふむべきなのか、これらを日本が決定する時期が到来したのである。

五、われらの条件は、以下のとおりである。
われらは、ここに掲げる条件よりぶれることはない。これらに代わる条件は存在しない。われらは、遅延を認めない。

六、われらは、無責任な軍国主義が世界中から一掃されるまでは、平和、安全及び正義の新たな秩序が生まれることはありえないと主張するものである。それゆえに、日本国民をだまし、これによって世界征服をしようという過ちを犯した者どもから、その権力や勢力を永久に取り除かなければならない。

七、このような新たな秩序が建設され、かつ日本から戦争を遂行する能力を完全に消し去ったことが確証されるまでは、連合国の指定する日本国領域内のいくつかの地点が占領下に置かれる。これは、われらがここに示した基本的な目的が確実に達成されるようにするためである。

八、カイロ宣言の条項は履行《りこう》され、また、日本の主権は本州、北海道、九州及び四国並びにわれらが決定する諸小島に局限されなければならない。

九、日本国軍隊は、完全に武装を解除された後、各自の家庭に復帰し、平和的かつ生産的な生活を営む機会を与えられる。

十、われらは、日本人を民族として奴隷化しようとし、あるいは国民として滅亡させようとする意図を有しているのではない。しかし、われらの俘虜《ふりよ》を虐待した者を含む一切の戦争犯罪人に対しては厳重な処罰を加える。日本国政府は、日本国民の間で民主主義的な傾向が復活し、強化されることに対する一切の障害を除去しなければならない。言論、宗教及び思想の自由、並びに基本的人権の尊重は、確立されなければならない。

十一、日本は、その経済を支持し、かつ公正な実物賠償の取立てを可能にするような産業を維持することを許される。ただし、日本が戦争のために再軍備ができるような産業は、この限りではない。この目的のため、原料の入手（その占有とはこれを区別する）は許可される。日本は、将来、世界貿易関係への参加を許される。

十二、前記の諸目的が達成され、かつ日本国民が自由に表明する意思に従って、平和を好み、責任ある政府が樹立されたときには、連合国の占領軍は、直ちに日本から撤収する。

十三、われらは、日本国政府が直ちに全日本国軍隊の無条件降伏を宣言すること、そして、この行動における同政府の誠意について適当かつ充分な保障を提供することを要求する。

これ以外の日本の選択には、迅速かつ完全な壊滅があるだけである。

【解説】ポツダム宣言は、全一三カ条の三条で「このまま戦争を継続すれば日本の国土は完全に荒廃する」と脅迫し、次いで「日本国領土の占領」「カイロ宣言の履行」「本州、北海道、九州、四国などへの日本の主権の制限」「民主主義の確立」などの条件を掲げ、最後に「直ちに全日本国軍隊の無条件降伏を宣言すること」を要求した。

また、十一条で「日本が戦争のために再軍備できるような産業」を維持することを禁止し、日本を非武装の経済小国、あるいは農業国にしようとした。これらの条項はＧＨＱ（連合国総司令部）による占領政策の根拠となり、極東国際軍事裁判や日本国憲法の基本思想となった。

4 苦渋の宣言受諾

●原爆投下とソ連の対日参戦

沖縄がアメリカ軍に占領された六月頃から、日本では戦争終結をめぐる最高指導者の会議が何度も開かれていた。政府は、すでにヤルタ密約で対日参戦を決めていたソ連に、そうとは知らず、連合国との講和の仲介を求めていた。

ポツダム宣言が発表されると、鈴木貫太郎《すずきかんたろう》首相や主要な閣僚は、条件付の降伏要求であることに着目し、これを受諾する方向に傾いたが、陸軍はポツダム宣言に「天皇の国家統治の大権」の維持が明記されていないことから、受諾に反対した。

陸軍は、本土決戦によりアメリカ軍に多大な損害を与えることで、アメリカとの停戦交渉で「天皇の国家統治の大権」を変更させまいとした。このため、日本政府も宣言の受諾を留保し、しばらくソ連の仲介の返答を待つことにした。

だが八月六日、アメリカは世界最初の原子爆弾を広島に投下した。この残虐な新型爆弾により、日本政府も終戦を急ぐほかはなくなった。

さらに八月八日、ソ連は日ソ中立条約を破って日本に宣戦布告し、ポツダム宣言に加わった。そして、翌九日には、ソ連軍が満洲に侵攻するとともに、アメリカも長崎に二発目の原爆を投下した。

●昭和天皇のご聖断と占領統治の開始

九日深夜に開かれた御前会議では、ポツダム宣言を受諾して戦争をやめるか、本土決戦をすべきかで意見は賛否同数となった。そこで十日午前二時、鈴木首相が天皇の聖断を仰いだ。昭和天皇は「自分はどうなってもかまわないので、全ての国民の生命を助けたい。このうえ戦争を続けては、結局我が国が焦土となり、国民にこれ以上の苦汁をなめさせることは、私としては実にしのび難い。祖宗の霊にもおこたえできない」と述べられ、ポツダム宣言の即時受諾による日本の降伏を決断された。

八月十四日、日本政府はポツダム宣言の受諾を駐スイス及びスウェーデンの日本公使館を経由して連合国側に通告し、翌十五日正午、ラジオの玉音《ぎょくおん》放送で、国民は三年八カ月にわたる戦争の終わりと日本の敗戦を知った。十六日には日本陸海軍に停戦命令が出され、自衛行動を除く一切の戦闘を停止するよう命ぜられた。

こうして昭和二十年九月二日、日本政府と陸海軍の代表は、東京湾内に停泊するアメリカ海軍の戦艦ミズーリの甲板で、ポツダム宣言の条項の履行などを定めた降伏文書に調印した。これにより、ポツダム宣言は法的な効力を持つことになり、アメリカ軍を主体とする連合国軍による日本の占領統治が始まった。

5 ポツダム宣言をめぐるエピソード

●史実に反する〝嘘〟だらけのカイロ宣言

ポツダム宣言は、八条で「カイロ宣言の条項は履行され、また、日本国の主権は本州、北海道、九州及び四国並びにわれらが決定する諸小島に局限されなければならない」と規定しているが、「カイロ宣言」という公文書は存在せず、署名がないプレスリリースとして、一九四三年十二月一日に公表された次のメモ書きが残っているに過ぎない。

「各軍事使節は、日本国に対する将来の軍事行動を協定した。（中略）三大同盟国は、日本国の侵略を制止し、かつこれを罰するため、今次の戦争を行なっている。同盟国は、自国のためには何らの利得も求めず、また領土拡張の何らの念も有しない。

同盟国の目的は、一九一四年の第一次世界戦争の開始以後において、日本国が奪取し又は占領した太平洋におけるすべての島嶼を日本国から剝奪《はくだつ》すること、並びに満洲、台湾及び澎湖島《ほうことう》のような日本国が清国人から盗取したすべての地域を中華民国に返還することにある。

日本国は、また、暴力及び強慾により日本国が略取した他のすべての地域からも駆逐される。

前記の三大国は、朝鮮の人民の奴隷状態に留意し、やがて朝鮮を自由かつ独立のものにする決意を有する。

以上の目的で、三同盟国は、同盟諸国中の日本国と交戦中の諸国と協調し、日本国の無条件降伏をもたらすのに必要な重大かつ長期間の行動を続行する」

この宣言は、日本が正式な国際条約によって取得した領土を「盗取」や「略取」した地域とするなど、歴史的事実をまったく無視したものである。第一次世界大戦において、第三回日英同盟協約により連合国（協商）側についてドイツに宣戦布告した日本は、ドイツの植民地であった太平洋上の赤道以北の島々を、国際連盟の要求に応じて「委任統治」した。また、一九三二（昭和七）年の満洲国独立は、清国とはまったく関係がなく、それ以前の満洲も軍閥が割拠する地域であり、中華民国の国土の一部と呼べる状態ではなかった。満洲事変後のリットン調査団の中には、日本の行動を中国側の破壊活動に対する自衛行為と認める者もおり、さらに、台湾及び澎湖島は、日清戦争の講和条約（下関条約）により、日本が清国から正当に「割譲」されたものである。

史実に基づけば、アメリカやイギリスこそ、東南アジアで「暴力及び強慾により」略取し、植民地支配していた地域から、日本により一挙に「駆逐」されたのである。

これらに加えて、日本こそが、清国や李《り》氏王朝による「朝鮮人民の奴隷状態」に留意し、「朝鮮を自由独立のものに」しようと努《つと》めたのである。下関条約では、清国に「朝鮮が完全無欠な独立自主の国であること」を確認させ、次いで、日露戦争後、日本は韓国統監府を置いて朝鮮の近代化を進めていった。そして、一九一〇（明治四十三）年、欧米列強は、イギリスのインド、フランスのインドシナ、アメリカのフィリピンなど、自国の植民地支配を日本が承認するのと引きかえに、日本の韓国併合を承認した。朝鮮総督府は、朝鮮で鉄道・灌漑《かんがい》の施設をつくるなどの開発を行ない、土地調査を実施した。また、学校も開設し、日本語教育とハングル文字を導入した教育を施し、自由独立の精神を培《つちか》ったのである。

●存在意義を失っているカイロ宣言とポツダム宣言

カイロ宣言は、無署名のプレスリリースメモであり、ポツダム宣言は、第二次大戦後のドイツの戦後処理について取り決めた「ポツダム協定」の付属議定書に付記された「検討されたアメリカ提案」に過ぎない。このように、カイロ宣言・ポツダム宣言のどちらも国家間の外交文書として位置づけられたものではなく、さらに一九五一（昭和二十六）年に締結された「サンフランシスコ講和条約」が効力を発し、日本が独立を回復した時点で、存在意義を失っている。しかしながら、六年間にわたる占領統治下において、これらの宣言が敗戦国である日本に強要され、その後も主権国家としてこれらを明確に否定し、積極的に克服してこなかったことから、今日における中国や韓国などとの領土・領有権問題や歴史認識問題に口実を与える結果となっている。

（家村和幸）

18　サンフランシスコ講和条約　一九五一（昭和二十六）年九月八日

1　イントロダクション

「サンフランシスコ講和条約」の正式名称は、「日本国との平和条約」である。これにより、第二次世界大戦における、日本と、アメリカ合衆国をはじめとする連合国諸国との間の戦争状態が終わった。よく知られるこの条約は、どのようにして結ばれたのだろうか。

「ポツダム宣言」を受諾した日本は、連合国の管理下に置かれた。GHQ（連合国総司令部）は徹底した統制を行ない、我が国が再び立ち上がれないように図った。ところが、「共産主義」の台頭と「朝鮮戦争」の勃発が、この状況を変えることとなった。アメリカは、日本に力を付けさせ、「資本主義陣営」の有力な一員となるよう、日本経済の復興を支援する政策に舵《かじ》を切った。

一九五一（昭和二十六）年九月八日、サンフランシスコにおいて調印され、発効は翌年一九五二（昭和二十七）年四月二十八日とされた。五二カ国が参加し、この内四九カ国が署名し、三カ国が拒否した。中国、韓国は招請されなかった。日本側の首席全権は吉田《よしだ》茂《しげる》首相だった。

日本は独立を果たしたが、その一方で、東京裁判をはじめとして、竹島《たけしま》問題、北方領土問題、沖縄問題、外地人の国籍問題等、多くの課題が残されることとなった。

2 条約調印への道

●終戦から三カ月で始まった講和の準備

通常、終戦からさほど時間を置かずに、戦後処理として平和条約が締結される。ところが日本の場合、「ポツダム宣言」を受諾してから「サンフランシスコ講和条約」の締結まで、六年が経過している。なぜ、そうなったのだろうか。

第二次大戦後の世界に、東西間、南北間の対立が起こった。連合国として共に戦ったアメリカとソ連（現在のロシア）が対立するようになり、「冷戦構造」が形成されていった。シナ大陸では共産革命が起こり、一九四九（昭和二十四）年にソ連の支援を受けた中華人民共和国が樹立した。

こうした中、アメリカの講和に向けての動きは、早い時期にあった。占領から一年半が経過した一九四七（昭和二十二）年三月、GHQ総司令官マッカーサーは、「できれば一年以内に平和条約を結んで占領を終わらせたい」と演説している。敗戦後の日本経済は荒廃の極致にあり、改善の見通しすら立たない状況で、マッカーサーは早く手を引きたいというのが本音だった。演説では「占領はすでに非軍事化の段階を過ぎ、民主化はほぼ終了している」とし、日本の経済復興は「占領軍の手に負えない問題」としている。アメリカは原案の準備にかかったが、その作業は頓挫《とんざ》した。日本にとって幸いだったのは、このときの原案は、懲罰条約の性格が強く、我が国にとって苛酷《かこく》な内容だったことである。

一方我が国は、終戦から三カ月が経った十一月、外務省が早くも平和条約の準備を開始した。政務・経済・調査等の関係課長約一〇名が、「平和条約問題幹事会」を自発的に発足させた。幹事会を率いた西村熊雄《にしむらくまお》は、講和条約に条約局長として臨んでいる。敗戦で外務省の機能は大幅に縮小されたが、幸運なことに条約局と調査局が無傷で残っていた。GHQには知らせていない。ここで作成された資料が、後の条約締結に役立つこととなる。

●講和の動きに弾みをつけた朝鮮戦争

一九五〇（昭和二十五）年五月、ジョン・フォスター・ダレスがアメリカの対日講和政策の責任者となった。この一カ月後の六月、朝鮮戦争が勃発し、これが講和に弾《はず》みをつけた。アメリカをはじめとする国連軍に対し、ソ連と中華人民共和国は北朝鮮を支援した。アメリカは、急速に拡大する共産主義の脅威に対抗するため、我が国を同盟国に引き入れる方針をとった。ダレスは占領政策を経済復興支援に切り換えると同時に、「即時再軍備」を迫った。アメリカの要求は、「七万五〇〇〇人の警察予備隊の創設」と「海上保安庁の八〇〇〇人増員」だった。朝鮮半島情勢が逼迫《ひっぱく》する中、在日米軍の全兵力をこれに投入する場合を想定し、日本の治安維持と北の脅威に備えるには、予備兵力が必要だったのだ。

朝鮮戦争の勃発を講和への好機到来と直感した吉田は、一気に行動に移した。吉田はダレスの要求に加えて、「五万人の保安隊」という形で応えた。このとき、日本にも共産主義の手は伸びていた。日本共産党はソ連を含めた「全面講和」を支持していた。

この局面で吉田のとった方針は、「占領下からの脱出」と「経済復興」だった。そのためには、軍備を「軽武装型」にする必要があった。そして講和が締結され、占領軍が撤退した後の安全保障について、日米間でもうひとつの条約を結ぶことを選んだ。

こうして、講和条約を締結した同日、場所を郊外の第六軍司令部プレシディオに移して、「日米安全保障条約」が慌《あわ》ただしく調印された。日米双方とも、議場におけるソ連の言動から、時間を置くことの危険を感じていたからである。

●会議へ招請されなかった中国と韓国

日本が条約を結ばなくてはならない国は、五〇カ国以上あった。どうすれば、これほど多くの国との締結が可能となったのだろうか。これにはダレスの尽力があった。

ダレスは、すぐさま草案の作成に着手した。アメリカとイギリスが中心となって進められた。次はこれを持って各国を回り、一国でも多くの国から会議への参加と、条約への署名を取り付ける作業が待っていた。ダレスはこれを三カ月かけて「うんざりするほど多くの相手を説得し」やり遂げた。こうして、当日は署名するのみとなった。

内戦を経て分裂した中国は、中華人民共和国、中華民国のいずれも招請されなかった。どちらを正統な国家として認めるかの意見が米英で分かれ、日中間の講和については、独立後の日本自身の選択に任せることで落ち着いた。

また、韓国は「署名国としての参加」を執拗《しつよう》に要求したが、招請されなかった。ダレスは、「韓国は日本と戦争状態にあったことはなく、連合国共同宣言にも署名していない」ことを理由として、署名国になれないと通知した。なおも食い下がる韓国に、ダレスは会議へのオブザーバー資格での参加も拒否し、非公式の参加は可能と回答した。韓国は、第二次大戦を「日本人として」戦っているのであるから当然だった。

●「日の丸」が掲げられた日

会議は、一九五一（昭和二十六）年九月四日から八日にかけて、サンフランシスコ市のオペラハウスで開催された。かつて国連憲章が採択された建物である。全五二カ国の代表がこれに参加し、日本側の全権は吉田率いる六名である。これに白洲《しらす》次郎《じろう》が顧問として随行している。

調印式は八日に行なわれた。各国に署名を確認する、日米による懸命なロビー活動が功を奏し、五日間という短い会期で調印式に持ち込むことができた。演台の後方には、参加国の国旗がはためいていたが、この日になって初めて日の丸が加えられた。各国全権が、国名の英語表記のアルファベット順に署名していき、最後の四十九番目に日本が調印した。ソ連、ポーランド、チェコスロバキアの三国は参加したものの、同じ共産主義国の中華人民共和国の不参加を理由に、会議の無効を訴え署名を拒否した。
この条約における正文《せいぶん》は、当時国連公用語だった英語、フランス語及びスペイン語で作成され、当事国である日本語版は正文に準じる扱いとなっている。

3 条文

この条約は、全七章、二七カ条から成るが、主要な条文の要旨は次の通りである。

第一条　日本と各連合国との戦争状態の終了及び日本国民の主権の回復。

第二条　朝鮮の独立を承認し、済州《さいしゅう》島《とう》、巨文島《きよぶんとう》及び鬱陵島《うつりようとう》を含む朝鮮に対する全ての権利、権原及び請求権の放棄(a)。

台湾及び澎湖《ほうこ》諸島に対する全ての権利、権原及び請求権の放棄(b)。

千島《ちしま》列島並びに樺太《からふと》の一部及び近接する諸島の権利、権原及び請求権の放棄(c)。

国際連盟の委任統治制度に関連する全ての権利、権原及び請求権の放棄。

南極地域、新南《しんなん》群島、西沙《せいさ》群島に対する全ての権利、権原及び請求権の放棄。

第三条　南西《なんせい》諸島（琉球《りゅうきゅう》諸島及び大東《だいとう》諸島を含む）、南方諸島（小笠原《おがさわら》群島、西之島《にしのしま》及び火山列島を含む）、沖《おき》の鳥島《とりしま》及び 南 鳥島《みなみとりしま》を合衆国の信託統治に置くことの同意。

第五条　国際連合憲章第二条に掲げる義務を受諾。

連合国は、日本が主権国として国連憲章第五十一条に掲げる個別的又は集団的自衛権を有すること、日本が集団的安全保障の取り決めを自発的に締結できることを承認。

第六条　連合国占領軍は本条約効力発生後九〇日以内に日本から撤退しなければならない。ただし二国間又は多国間協定により駐屯・駐留する場合はこの限りではない。

第八条　第二次大戦を終了させるために現に締結されもしくは将来締結される条約、連合国が平和の回復又は関連して行なう取り決めの完全な効力を承認。

第十条　北京議定書並びに付属書等の規定から生ずる全ての権利及び利益を放棄。

第十一条　極東国際軍事裁判所並びに国内外の他の連合国戦争犯罪法廷の判決を受諾。

第十四条　賠償は役務賠償のみとし、賠償額は個別交渉とする。

第二十五条　この条約が適用される連合国とは、日本と戦争していた国又は（中略）但し、この条約に署名し且《か》つこれを批准したことを条件とする。

第二十六条　この条約の署名国でない国と、同一条件で条約を締結する義務は三年で満了する。

4　条約は、その後の歴史をどう変えたか

●竹島《たけしま》と「北方領土」はどう扱われたか

この条約を吉田は、回想録『世界と日本』の中で、「あれだけの激烈な大戦争の跡始末として、これほど寛大な講和を結んだ前例は世界の歴史に皆無である」と記している。

この条約の発効により、国際法上、調印した四九カ国の連合国との間の「戦争状態」が終結した。また、参加しなかった国との戦争状態は、個別の合意により終了している。だが、ソ連、中国、韓国との国交回復は、個別の交渉として残されることとなった。

第二条（a）において、日本の放棄すべき領土に竹島は含まれていない。竹島の扱いは、草案から最終版までに数度の変遷を辿《たど》っている。韓国の執拗な働きかけによるものである。一九四七年三月十九日の草案では、「竹島を放棄すること」とされていた。これを、アメリカ駐日政治顧問シーボルドの「竹島再考の勧告」により、「これらの島への日本の

主張は古く、正当なものと思われる」と変更された。以降一貫して日本の領有が認められていたが、なおも韓国政府は、日本が竹島を放棄することを条約に盛り込むように要求した。

これに対して一九五一年八月十日、アメリカ政府はラスク書簡により、「竹島は韓国の領土として扱われたことはなく、一九〇五年以降日本領である」としてこれを拒絶した。

同じく第二条（c）において、「日本は千島列島並びに樺太の一部を放棄する」とある。だが、放棄した後に帰属する国は明記されていない。そしてこの千島列島に、南千島（択捉島《えとろふ》、国後島《くなしり》）を含むかどうかの解釈が、現在に至るまでのソ連（ロシア）との争点となっている。

さらに、関連する条文に第二十五条及び第二十六条がある。ソ連は講和条約に署名及び批准をしていないので、条約に規定する連合国には該当しない。また日ソ国交回復は一九五六（昭和三十一）年で、第二十六条に規定する三年を過ぎている。したがって、ソ連の主張は認められない。

また、第三条において「南西諸島（琉球諸島及び大東諸島を含む）、……を合衆国の信託統治に置く」とされた。この条項により沖縄における日本の主権は残された。

●「外地人」の日本国籍の喪失

「外地人」とされる朝鮮人及び台湾人の、条約締結後の国籍については、本条約では明文化されなかったが、これについては、第二条を受けて日本国籍を失うとの解釈が示された。

そして朝鮮人の国籍の扱いは、一九五二年四月十九日付けの、法務府民事局長通達・民事甲第四三八号、「平和条約の発効に伴う朝鮮人台湾人等に関する国籍及び戸籍事務の処理について」に基づき対応された。

また台湾人の国籍喪失時期については、同年八月の「日華平和条約」の発効時とされた。

5　条約をめぐるエピソード

●「吉田のトイレットペーパー」と呼ばれたスピーチ原稿

一九五一年九月七日、各国代表によるスピーチが全て終了し、吉田による「受諾演説」の番となった。原稿は日本で準備されていたが、最終的に現地で各国全権の演説を聞き、会議の空気を読みながら、最終案を取り纏《まと》めることとなった。

スピーチは当初英語で行なわれる予定で、吉田本人もそのつもりだったが、周囲が彼の英語力に不安を感じ、急遽《きゅうきょ》日本語に変更された。ここでもうひとつの問題が起こった。目の悪い吉田は、平素国会でも、巻紙《まきがみ》に書かれた大きな墨書きの字を読んでいたのだ。スタッフが直ちにチャイナタウンに大量の巻紙を買いに走り、総出で手分けして墨書きの作業が始まった。なかには初めて筆を使う者もおり、字の大きさも書体もバラバラだった。次にこれを順序通りに繋ぎ合わせていく作業があった。どうにか間《ま》にあったが、会場に運ぶ車の中で西村熊雄条約局長に秘書官が言った。「繋ぎ合わせる順序が違っていたらどうしましょう」。西村は急に不安になったが、もうどうしようもない。演説の直前までかけてできあがった巻物は、長さ三〇メートル、直径一〇センチにも及んだ。これを見た各国のマスコミは、「吉田のトイレットペーパー」と打電した。

ぶっつけ本番の吉田だが、堂々たるものだった。だが中には読みにくい字もあり、おまけに参会者はヘッドホンの同時通訳に聞き入っている。初めは原稿通りに読んでいたが、終わりの方は飛ばして読んだ。これを同時通訳していたヘンリー島内《しまうち》は、慌《あわ》てたもののそのまま続け、最後は吉田に合わせてぴったり終わらせている。

（山﨑智子）

19　日米安全保障条約（旧安保条約）

一九五一（昭和二十六）年九月八日

1　イントロダクション

一九五一（昭和二十六）年九月八日、サンフランシスコで調印された日本国とアメリカ合衆国との安全保障条約。一九六〇（昭和三十五）年に締結された新安保条約と区別して、旧安保条約とも呼ばれる。

日本が占領状態から脱し、国際社会への復帰を進める中で、独立後の国防問題が大きな課題であった。経済復興は緊急を要し、他方では共産勢力の侵食にも備える必要があった。吉田茂《よしだしげる》首相の選んだ結論は、軽軍備とし、国力を経済復興に集約することだった。そしてアメリカに「共同防衛の関係」を提案し、米軍の駐留を容認するとした。

一方アメリカは、共産主義の脅威に対抗するため、我が国を資本主義陣営に組み込む必要があった。日米双方の思惑が合致し、安全保障条約は締結に向けて動き出した。しかしアメリカは、我が国が「継続的な効果的な自助と相互援助」を成し得る国となっていないとして、日本の希望する関係での締結はできないと付け加えた。

こうして、サンフランシスコ講和条約の署名から五時間後、安保条約は締結された。二つの条約は別のものだが、安保条約なくして我が国の独立は成し得なかった。

2 条約調印への道

●第二次大戦後の国際情勢の変化

第二次大戦における敗戦で、日本はアメリカを中心とする連合国軍により占領統治された。マッカーサー元帥を中心とするGHQ（連合国総司令部）の中に入り込んだ、ニューディーラー（ニューディール政策を経験した社会民主主義的な思想を持つ人々）たちの主導のもと、さまざまな占領政策が行なわれた。戦時中、日本政府が拘束していた共産主義者を釈放する一方、政界、財界、学界、言論界、教育界の中枢にあった人々を追放した（公職追放）。軍事面においては、中立・非武装化を目的とし、日本は武装解除された。日本が非武装化すれば米国の国益にかなうという考えに基づいたものであったが、ほどなくしてマッカーサーは、東アジアの現実から、日本の非武装・中立路線が間違いであることを知ることとなる。一九四九（昭和二十四）年の中華人民共和国の成立、一九五〇年に日本を仮想敵国とした中ソ友好同盟援助条約（軍事同盟）の成立、朝鮮戦争の勃発など、日に日に共産主義勢力との対立が激しさを増していった。

特に、共産主義国家が支援する北朝鮮と、自由主義陣営が支援する大韓民国の二ヵ国が分断国家として戦うことになった朝鮮半島は、世界でもっとも危険な地域となった。

これに伴い、占領政策も変更された。日本の共産化を防ぐため、国内では公職追放の解除や共産主義者の追放が行なわれた。そして、共産主義勢力の拡張を抑え、いかに対峙していくかが、米国の世界戦略となった。極東においても米国の国益に沿う形で、日本も自由主義陣営の一員として、東アジアの共産主義に対する前線基地として役割が期待されるようになった。

●日本の独立と日米安全保障

一九五〇年九月、アメリカは、対日講和条約の意思を明確に示し、「対日講和七原則」

に基づいて各国との協議を開始した。こうした動きを受けて、日本も対応策を検討した。主要なテーマの一つは、独立後の日本が、いかにして自国を守るかという安全保障の問題であった。共産主義を排し、資本主義陣営の一員としての立場を明確にした安全保障構想と、非武装・軍備制限を基本とする中立的な安全保障構想の二つの案が検討された。これは、サンフランシスコ講和条約における単独講和と全面講和の問題にも関連し、その後の日本の国際的な立場を決める重要な問題であった。

結局、皇室を否定する共産主義を日本の政治体制にすることは考えられなかったこと、冷戦が激化する中で日本が中立的な立場を維持することは非現実的であったこと、全面講和にこだわっていては日本の独立がますます遅れてしまうことなどから、日本は資本主義陣営側に立つこととなった。

吉田首相は、いずれ再軍備を行なうことは独立国として当然としても、戦争で荒廃した経済と産業を立て直すことが日本の優先的な国益と考え、この段階での再軍備は行なわず、国防を米国に頼り、軍事基地を提供するのもやむなしと決断した。

3　条文と解説

全五条からなり、以下の通りである（第五条は批准についての条項のため省略）。

（前文）

日本国は、本日連合国との平和条約に署名した。日本国は、武装を解除されているので、平和条約の効力発生の時において固有の自衛権を行使する有効な手段をもたない。

無責任な軍国主義がまだ世界から駆逐されていないので、前記の状態にある日本国には危険がある。よって、日本国は平和条約が（中略）効力を生ずるのと同時に効力を生ずべきアメリカ合衆国との安全保障条約を希望する。（中略）

これらの権利の行使として、日本国は、その防衛のための暫定措置として、日本国に対する武力攻撃を阻止するため日本国内及びその附近にアメリカ合衆国がその軍隊を維持することを希望する。

（中略）アメリカ合衆国は、日本国が、（中略）自国の防衛のため漸増的に自ら責任を負うことを期待する。

よって、両国は、次のとおり協定した。

19　日米安全保障条約（旧安保条約）

第一条　平和条約及びこの条約の効力発生と同時に、アメリカ合衆国の陸軍、空軍及び海軍を日本国内及びその附近に配備する権利を、日本国は許与し、アメリカ合衆国はこれを受諾する。この軍隊は、極東における国際の平和と安全の維持に寄与し、並びに、一又は二以上の外部の国による教《きょう》唆《さ》又は干渉により引き起された日本国における大規模の内乱及び騒じょうを鎮圧するため日本国政府の明示の要請に応じて与えられる援助を含めて、外部からの武力攻撃に対する日本国の安全に寄与するために使用することができる。

第二条　第一条に掲げる権利が行使される間は、日本国は、アメリカ合衆国の事前の同意なくして、基地、基地における若しくは基地に関する権利、権力若しくは権能、駐兵若しくは演習の権利又は陸軍、空軍若しくは海軍の通過の権利を第三国に許与しない。

第三条　アメリカ合衆国の軍隊の日本国内及びその附近における配備を規律する条件は、両政府間の行政協定で決定する。

第四条　この条約は、国際連合又はその他による日本区域における国際の平和と安全の維持のため充分な定をする国際連合の措置又はこれに代る個別的若《も》しくは集団的の安全保障措置が効力を生じたと日本国及びアメリカ合衆国の政府が認めた時はいつでも効力を失うものとする。

〔解説〕日米安保条約における日本とアメリカの関係及び条約の主旨は、前文に集約されている。吉田はこの条約を、両国対等の立場で結ぼうとした。もちろん強大な武力を擁するアメリカと武装解除した我が国とでは、対等とはなりえない。これについて彼は、「アメリカはその武力と経済力を以て、日本は日本に許されるあらゆる方法を以て、国際的安全保障の一環として貢献する」と、繰り返しダレスに強調した。

第一条で、米軍に、「大規模の内乱や騒擾《そうじょう》時における軍事介入権」を規定している。このときの日本は、共産勢力をはじめとして、政情不安に繋がりかねない不安要素が存在していた。

4　条約は、その後の歴史をどう変えたか

●軽軍備で経済復興を優先させた吉田茂《よしだしげる》

吉田の狙い通り、日本は経済的な復興を遂げ、世界有数の経済大国となった。これは国民の努力と英知の結果であるが、国防をアメリカに依存したことによるのも事実である。

我が国は、その国力に見合った軍事力を装備し、名実ともに自主防衛を行なうことができずに現在に至っている。経済の復興は、当面の優先課題だったにもかかわらず、その先にあった自主防衛の国民的な気運は、盛り上がることはなかった。経済大国となったが、国際社会においては、日本独自の外交は限られており、アメリカの意向に沿う形で主張することが殆《ほとん》どであった。

●憲法と安保条約における「集団的自衛権」の解釈

日本国憲法が制定された一九四六（昭和二十一）年頃は、日本の軍事力をいかに抑えるかが占領政策の中心課題であった。その考えは、GHQが作成し日本政府に押し付けた憲法、特に第九条に反映されている。日本政府にこれを拒否する力はなく、吉田首相は、憲法を占領国との条約のようなものと考え受け入れることになる。

その後、GHQが共産主義勢力の脅威を認識するようになったのは、一九四七（昭和二十二）年に労働組合が計画した「二・一ゼネスト」を中止させた時期からであり、このあたりから占領政策が変化していくことになった。日本の独立を検討していた一九五〇年頃は、日本国憲法の考え方では、日本の平和と安全を確保することは不可能になっており、憲法によって軍備を制限されている我が国を守るには、米軍の駐留が現実的な方策として選択された。日米安保は、憲法の不備を補完するための現実的な条約となった。

その補完にあたって、特に整合性が問われたのが、国連憲章及び日米安保条約では認められている集団的自衛権が、憲法上どこまで許されるのかということであった。「集団的自衛の権利は有しているが、憲法上行使はできない」というのが、これまでの日本国政府の解釈だったが、二〇一四（平成二十六）年七月一日、安倍内閣は閣議で、集団的自衛権の限定的な行使を容認する決定を下した。持っているが行使できない権利という曖昧な政府解釈は、現実の日本の安全保障環境と憲法のギャップをそのまま表わしていたが、ひとまず溝《みぞ》は埋められることになった。

●日米行政協定と基地の継続

日米行政協定は、一九五二（昭和二十七）年に安保条約第三条に基づき、米軍の権利などを定めた日米両政府の協定である。日米安保条約によって、日本の独立後も引き続き米軍が駐留することとなったが、その立場は、占領軍から平時駐留軍へと性質を大きく変えることになった。占領軍として自由に基地を使用できたのに対して、以降は日本の合意を必要とするようになったのである。アメリカは占領軍基地の継続使用を考えていたが、日本は、独立した以上合意がなければ継続使用できないと考え、双方の立場の違いは大きかった。

両国の話し合いでは、協定の効力発生までに提供する個々の施設区域について合意することとし、合意に至らなかったものは合同委員会で話し合うこととした。しかし実際は、九〇日以内に合意できないものは引き続き米軍が使用継続できることとなった。

また、日米両政府の協議で特に重要だったもう一つのテーマが、刑事裁判権である。アメリカは、占領時代と同じように米国の軍事裁判所が米軍の構成員・軍属・家族が、日本で犯したすべての犯罪を裁判すると主張していた。一方、日本側は、占領状態を継続するものだとして反対し、外国軍隊は、駐留国の国内法が適用されるNATO方式を主張し、アメリカ側も受け入れることとなった。しかし、その後五年間に起きた米軍関係の約一万四〇〇〇件の犯罪のうち、日本側が実際に裁判を行なったのは約四〇〇件のみで、約97％の裁判権を放棄している。これには「日本にとり物質的に重大な意味を持つものでない限り、第一次裁判権を放棄する」との密約の存在も指摘されている。

この二つの事例は、独立後も駐留軍が占領軍としての性質を保持しており、目に見えない状態で日本が占領状態から脱していないことを示している。

●再軍備を迫ったマッカーサーと警察予備隊の創設

アメリカによって武装解除された日本が、皮肉なことに、そのアメリカから再軍備を迫られることになる。一九五〇年、マッカーサーは、七万五〇〇〇人の警察予備隊の創設と海上保安庁の八〇〇〇人の増員を指令した。また、講和条約をめぐる日米協議が本格化する中、一九五一年に来日した大統領顧問ダレス特使は、講和条約締結後の米軍の駐留と日本の再軍備を提案した。米軍の駐留については、一九五〇年に訪米した池田勇人《いけだはやと》蔵相を通して、米国から申し出にくければ、日本からオファーしてもよいことを伝えており、早期に合意を得た。一方日本の再軍備について、吉田は反対であり、ダレス特使との交渉においても主張を通そうとするが、当時の日米の力関係からすれば、米国の提案を断ることは不可能であった。一九五二年、保安隊は発足した。

保安隊は、アメリカに対しては再軍備の要請に応えるものであり、国内に対しては治安維持のため警察の延長線上にある組織とされた。この二面性は、後に自衛隊となっても解消されていない。自衛隊は法律面でも、自主防衛を行なう国防軍としては不完全な状態である。

5　条約をめぐるエピソード

●単独で条約に署名をした吉田全権

日米安全保障条約の調印は、「サンフランシスコ講話条約」締結と同じ八日、平和条約の締結からわずか五時間後の午後五時に執《と》り行なわれた。会場は、サンフランシスコ郊外のプレシディオ（スペイン語で要塞の意）の米陸軍第六軍司令部で、つい一週間ほど前には、アメリカ、オーストラリア、ニュージーランド間の安全保障条約が結ばれている。

安保条約の締結について、アメリカは講和会議の開催中、ソ連の出方を警戒し厳重に箝《かん》口令《こうれい》を敷いていた。吉田は日本国内に対しても、「なお交渉を続けている」との姿勢をとっていた。日本側に署名式の日程が告げられたのは、講和会議での吉田のスピーチが終わった七日の午後十一時近くだった。日米両国は、講和条約への署名を拒否したソ連の動きから、二つの条約の間に時間をおくことの危険を感じ、安保条約の締結を急いだ。

アメリカ側署名者は平和会議で議長を務めたアチソン長官、ダレス特使ら四名だった。締結に先立ち、アチソンは次のように述べた。

「この条約は、太平洋地域の平和と安全の防衛体制の一部を成すものである。（略）侵略に対し非武装日本を保護するため、自由国民と日本国民との間に自由に合意された協定である。（略）アメリカは日本が、過去六年間に成長してきた日米間の信頼の精神の上に、将来自国の防衛について大きい責任を負うようになることを信ずる」

吉田は、この条約に関し自分一人が責任を負う決意を示すため単独で署名に臨んだ。「安保条約は不人気だ。将来ある政治家がこれに署名するのはためにならん」と言っている。

吉田は回想録『世界と日本』でこう語っている。「安保条約は発効して十有余年になる。この間一度も発動されたことがない。条約があるだけで日本の安全は維持され、日本人は国家再建に専念できた。むしろ発動されずにすんだところに、この条約の値打ちがある」。

（髙橋智之）

20　日ソ共同宣言

一九五六（昭和三十一）年十月十九日

1　イントロダクション

一九五六（昭和三十一）年十月十九日、日本の鳩山一郎《はとやまいちろう》首相とソ連のブルガーニン首相とがモスクワで署名。国会承認をへて、同年十二月十二日に発効した。「共同宣言」となっているが、批准を両国の議会が承認した正式な条約である。日ソ両国の戦争状態を終結させ、国交を回復させる一方で、国境確定問題（いわゆる北方領土問題）は先送りされた。日ソ間の平和条約交渉は宣言後も継続し、ソ連側は、平和条約締結後に歯舞《はぼまい》、色丹《しこたん》二島を日本に引き渡す、とした。日本側は、南千島（択捉《えとろふ》、国後《くなしり》等）の領土問題が未解決として、平和条約締結にはいたらず、現在にいたっている。

そもそも、日ソ両国の戦争状態は、ソ連側が不可侵条約を破り、一方的に作り出されたものである。また、北方領土問題は、日本がポツダム宣言を受諾して武装解除した後の八月二十八日から九月五日にかけて、ソ連軍が一方的に軍事占領したことから生じたものである（歯舞群島にいたっては、降伏文書調印後の九月三日から五日に上陸占領）。

本稿では、条約成立の背景を追い、日本の今後の道筋にも展望してみたい。

2 条約調印への道

●サンフランシスコ講和条約と北方領土問題

日本は、サンフランシスコ講和条約において、千島列島並びにポーツマス条約の結果として獲得した樺太の一部と、これに近接する諸島の請求権を放棄させられた。ただし、この条約にソ連（現在のロシア）は参加したが調印はしなかった。ロシアは、サンフランシスコ講和条約に調印・批准していないので、そのような国に対しては、いかなる権利、利益も与えられてはいない。すなわち、日本が放棄した千島列島や南樺太をロシアが領有する、国際法上の根拠はないのである。

千島列島の範囲について、アメリカ全権のダレスは「歯舞群島は千島に含まない」との見解を示した。日本全権の吉田《よしだ》茂《しげる》は、南樺太や千島列島を日本が侵略によって奪取したのではない（ソ連全権の主張は承諾できず）とし、その根拠として、日露和親条約（一八五五年）や千島樺太交換条約（一八七五年）での平和的な国境画定を指摘。また、ソ連による南樺太・千島列島の一方的収容を非難し、特に歯舞・色丹は千島（クリル）ではなく北海道（日本本土）であると説明した。

日本政府も講和締結前は、占領下での言論統制のため、国内的に「南千島は千島に含まれる（歯舞・色丹は千島列島ではない）」と答弁せざるを得なかった。だが講和後は、「北方領土（四島）は日本固有の領土であり、日本が放棄した千島には含まれない」と正式な見解を示している。講和条約批准国（日本を含む四六カ国）は、ソ連による南樺太・千島列島・色丹島・歯舞群島の領有を否定するという立場である。

実際、二〇〇五（平成十七）年に欧州議会（二五カ国七三〇人の議員で構成されるEUの立法機関）では、「北方領土は日本に返還されるべき」との決議がなされている（平成十七年七月十九日『読売新聞』）。

●独立回復後の日本の課題

講和・独立後の日本の最大の課題は、占領体制の脱却であった。その第一は、憲法改正である。一九五四（昭和二十九）年、鳩山一郎を総裁とする日本民主党が成立、鳩山内閣が誕生した。鳩山内閣は、吉田内閣の経済第一主義や米国一辺倒の外交政策を改め、「自主憲法制定」「自主外交による領土回復」「自衛軍の整備」「教育の改革」等を掲げ、独立国家としての自立を目指した。

だが鳩山首相は、憲法改正に必要な三分の二の議席が確保できず、目標を国際社会への復帰、日ソ国交回復に切り替えた。

日本は、ソ連の反対のため国際連合に加盟できずにいた。また、北方海域では我が国の漁船が銃撃、拿捕《だほ》抑留される事件が相次いでおり、ソ連との漁業協定締結が急務であった。さらに一〇〇〇人以上の日本人同胞が、いまだシベリアなどで重労働にあえいでいた。鳩山内閣は、これらの対ソ問題解決に取り組んだのである。

おりしも、一九五三（昭和二十八）年のスターリン死去と朝鮮戦争の休戦を契機に、東西冷戦には雪解けムードが広がり、ソ連に西側諸国との関係改善を進める動きが出てきていた。一九五五（昭和三十）年の西ドイツとの国交回復もその一例である。ソ連では、一九五六年、ウクライナ系ロシア人のフルシチョフがソ連共産党第一書記となり、スターリン批判を行ない、国内的には非スターリン化の推進と自由化の動きが加速していた。

一九五五年六月、ロンドンで松本俊一《まつもとしゅんいち》（外交官出身の衆議院議員）を全権として日ソ平和条約交渉が始まった。交渉は難航、特に領土問題では、ソ連は一歩も譲る気配を見せなかった。しかし、八月に入りソ連側全権マリクから歯舞・色丹を日本領とする回答が得られ、交渉は妥結するかにみえた。結局、日ソ平和交渉に消極的なアメリカの意向もあり、また日本政府の「北方四島全てが日本領である」との方針から、交渉はいったん挫折した。

翌年七月、モスクワで交渉が再開した。首席全権は重光葵《しげみつまもる》外相、全権は松本であった。当初、重光は原則通り四島返還を主張したが、八月十二日、態度を豹変《ひょうへん》させ、歯舞・色丹二島返還で交渉を妥結することを決断、その旨を本国へ打診した。しかし、保守合同後の自民党には、旧自由党系の吉田・池田《いけだ》らの勢力も強く、重光案を拒否、日ソの条約交渉はまたも挫折した。さらに、八月十九日、重光は米国務長官ダレスから「日本が二島返還で妥結するなら、沖縄併合も辞さない」と申しわたされたという。アメリカは、日ソの接近を警戒したのである。こうして日ソ交渉は頓挫したかに見えた。

そこで鳩山は、みずからモスクワに乗り込み、領土問題を棚上げにしても、国交回復を目指そうとした。鳩山のもとには、戦後一〇年を経ても帰国できない抑留者の家族から陳情が相次ぎ、数十万の国民から嘆願書も寄せられていたのである。鳩山は、病軀《びょうく》をおしてモスクワに出発した。その際、友愛青年同志会（鳩山が創設した青年組織）のメンバーに「まだシベリアに抑留されている多くの日本人に、生きて故郷の土を踏ませてやらなければならない。領土は逃げない、しかし、人の命には限りがある」と話したという。

一九五六年、日ソ共同宣言が調印、国交は回復され、日本は国連加盟を果たした。その二日後に内閣は総辞職、鳩山は政界を引退、一九五九（昭和三十四）年三月、逝去した。

3 宣言（条文）

一、日本とソヴィエト社会主義共和国連邦（以下ソ連）との間の戦争状態は、この宣言が効力を生ずる日に終了し、両国の間に平和及び友好善隣関係が回復される。

二、日本とソ連との間に外交及び領事関係が回復される。両国は、大使の資格を有する外交使節を遅滞なく交換するものとする。（後略）

三、日本及びソ連は、相互の関係において、国際連合憲章の諸原則（中略）を確認する。

（a）その国際紛争を平和的手段によつて（中略）解決すること。

（b）その国際関係において、武力による威嚇又は武力の行使は、（中略）いかなる方法によるものも慎むこと。

日本国及びソ連は、それぞれ他方の国が国際連合憲章第五十一条に掲げる個別的又は集団的自衛の固有の権利を有することを確認する。

日本国及びソ連は、（中略）いかなる理由であるとを問わず、直接間接に一方の国が他方の国の国内事項に干渉しないことを、相互に、約束する。

四、ソ連は、国連への加入に関する日本国の申請を支持するものとする。

五、ソ連において有罪の判決を受けたすべての日本人は、（中略）釈放され、日本へ送還されるものとする。また、ソ連は、日本国の要請に基いて、消息不明の日本人について引き続き調査を行うものとする。

六、ソ連は、日本に対し一切の賠償請求権を放棄する。

日本国及びソ連は、一九四五年八月九日以来の戦争の結果として生じた（中略）請求権を、相互に、放棄する。

七、日本国及びソ連は、その貿易、海運その他の通商の関係を安定したかつ友好的な基礎の上に置くために、条約又は協定を締結するための交渉をできる限りすみやかに開始することに同意する。

八、一九五六年五月十四日にモスクワで署名された北西太平洋の公海における漁業に関する日本国とソ連との間の条約及び海上において遭難した人の救助のための協力に関する日本国とソ連との間の協定は、この宣言の効力発生と同時に効力を生ずる。日本国及びソ連は、魚類その他の海洋生物資源の保存及び合理的利用に関して、(後略)

九、日本国及びソ連は、(中略)平和条約の締結に関する交渉を継続することに同意する。ソ連は、(中略)歯舞諸島及び色丹島を日本国に引き渡すことに同意する。ただし、これらの諸島は、日本国とソ連との間の平和条約が締結された後に現実に引き渡されるものとする。

十、この共同宣言は、(中略)批准書の交換の日に効力を生ずる。(後略)

4 宣言(条約)は、その後の歴史をどう変えたか

●平和条約と北方四島の行方

宣言の締結により、ソ連と追随する東欧諸国は、日本の国際連合加盟を支持、国連総会では全会一致で日本の加盟が認められた。

また、抑留者は釈放され、十二月二十六日、引揚船「興安丸《こうあんまる》」で舞鶴《まいづる》港に帰還した。太平洋の北西部やオホーツク海における北洋漁業は、この共同宣言により、以前よりも安定的な操業が行なわれるようになった。しかし、北方領土付近の海域では、宣言以後も銃撃や拿捕事件が多数発生し、多くの死傷者や抑留者を出した。積荷も没収され、船や船員の引き取りには多額の賠償金を支払わされた。現在に至るまでソ連(ロシア)側からは、これらに関する謝罪も賠償も一切ない。

平和条約締結交渉は、北方領土の全面返還を求める日本と、平和条約締結後の二島返還で決着させようとするソ連の平行線のまま、再開の目途は立たなかった。米国国務省は、北方領土は常に日本の領土であったとして、明文化された見解(覚書)を示し、日本の立場を支持した。

しかし、一九六〇(昭和三十五)年、岸信介《きしのぶすけ》内閣が日米安全保障条約改定を行なった(新安保条約)際、ソ連は突如、対日覚書を発表し、日ソ共同宣言で合意された歯舞群島及び色丹島の引渡しについて、「日本領土からの全外国軍隊の撤退」という新たな条件を課してきたのである。我が国は、国際約束である日ソ共同宣言の内容を一方的に変更することはできないと反論し、領土問題の解決はますます遠のいた。

一九七三（昭和四十八）年、田中角栄《たなかかくえい》首相がモスクワを訪問し、一七年ぶりに日ソ首脳会談が開かれた。ブレジネフ書記長は、北方四島の問題が戦後未解決の諸問題の中に含まれることを口頭で確認した。その後、ゴルバチョフ大統領訪日時（一九九一年）の日ソ共同声明において、ソ連側は、四島の名前を具体的に上げ、領土問題の存在を初めて文書で認めた。

一九九三（平成五）年のエリツィン大統領来日時には「日ソ間の全ての国際約束（「日ソ共同宣言」等）が日露間でも引き続き適用される」と確認（東京宣言）された。また、エリツィン大統領は、シベリア抑留問題について「非人間的な行為に対して謝罪の意を表する」と初めて謝罪した。

二〇〇〇（平成十二）年には、プーチン大統領が、来日時に「五六年宣言（日ソ共同宣言）は有効であると考える」と発言。二〇〇一（平成十三）年の「イルクーツク声明」でも、共同宣言の法的有効性が文書で確認されている。

にもかかわらず、ロシア（ソ連）は、ポツダム宣言とヤルタ協定を盾《たて》に、長い間「領土問題は解決済み」との態度を対外的にはとり続けている。

共同宣言の際の最高指導者でもあるフルシチョフは、晩年の回想記で、日本の戦後の発展をみて、「たとえ北方領土問題で譲歩してでも日本との関係改善に努めるべき」と述べている。プーチンは二〇一三（平成二十五）年の記者会見で、日本との経済協力と領土問題の「引き分け」に言及した。

本年二〇一四（平成二十六）年秋には、プーチンの来日が予定されている。しかし日本は、日ソ共同宣言は、日ソ双方の賠償請求権の放棄を明記している。しかし日本は、賠償請求は別として、旧ソ連の国際法違反の数々（①日ソ中立条約違反、②戦後の日本領土の軍事占領、③民間人・投降軍人の抑留・強制労働、虐待・虐殺等）と、その責任を記録に残し、国際社会に向け発信してゆかなくてはならない。国際社会には、長年にわたるコミンテルンの情宣工作や東京裁判史観の影響によって、日本の犯罪国家論のみが独り歩きしている。戦争の悲劇と国際共産主義の本質を正しく認識し、真の国際平和・国際協調を希求するならば、「日本の体験」を語る必要がある。

5　条約をめぐるエピソード

●シベリア抑留とソ連を擁護した代議士

終戦後、ソ連は、停戦命令により武装解除し投降した軍人や民間人多数を含む日本人約七〇万人を「ダモイ（帰国）」と偽り、シベリアを中心にソ連の勢力圏全域に移送隔離させた。さらに長期（二年から一〇年以上）にわたる過酷な収容所（ラーゲリ）生活と奴隷的強制労働により多数の犠牲者を出した。その数、少なく見積もって五万五〇〇〇人。移送途中での射殺や衰弱死・病死等の死者数も数万といわれる。遺体も遺棄され、死者の総数は数え切れない。アメリカの研究者は、抑留者を約一〇七万、死者三四万人としている。飢餓と厳寒と重労働の中で満足な食事や休養も与えられず、多くの抑留者が屈辱と絶望の中で死亡した。このソ連の行為は、武装解除した日本兵の家庭への復帰を定めた「ポツダム宣言」（ソ連も署名）に違反する重大な犯罪である。

抑留者には、軍人以外にも多数の一般人や、看護師や電話交換手など二〇〇人を超す婦女子もいた。中には、騙されたり脅されたりして赤軍兵士の性的暴力を受けた例も少なくない。彼女らの多くは日本に帰る前に自殺した。

それに対して、ソ連共産党と親しい関係にあった日本社会党左派の代議士たちは日本人同胞に救いの手を差しのべただろうか。左派社会党の国会議員団が、収容所を視察したことがある。ソ連側は抑留者への「人道的対応」を宣伝するための準備を整えた。その中でも抑留者は視察団に窮状を訴え、手紙を託したが、視察団は、その手紙を握りつぶし、帰国後に「ソ連の待遇はとてもよく、食事も行き渡っている」との報告を行なったのである。これは「北朝鮮は拉致などしていない」と言い続けた代議士と同じである。代議士当人はもちろん、彼ら彼女らを支持し国政を担《にな》わせた有権者の責任も重い。

●日本人と親日国ウズベキスタンとの友好の絆

抑留者には、現在でいうウズベキスタンに移送された日本人も約二万五〇〇〇人いた。首都タシュケントでは、一五〇〇人収容のバレエ・オペラ劇場「ナヴォイ劇場」の工事などが課せられた。劣悪な環境下での作業のため五〇〇人中七九人が命を落とした。しかし、日本人たちは「日本に必ず帰って、もう一度桜を見よう」を合言葉に、建設に従事、三年かかる工事を二年で完成させた。入口上部の彫刻もきわめて丹念に細工され、市民たちは、日本人の立派な態度に感謝と畏敬の念を抱き、食料などを差し入れたという。一九六六（昭和四十一）年四月二十六日、タシュケントは、震度八の大地震に襲われ、七万八〇〇〇棟の家屋や建物が倒壊、瓦礫《がれき》と化した。しかし、ナヴォイ劇場はまったくの無傷で市民の避難場所となった。他にも道路・工場といった多くの施設は今でも使われている。

一九九六（平成八）年、ウズベキスタンのカリモフ大統領が、日本人を称《たた》える碑を設置した。その際、「彼らは恩人だ、捕虜と書くな」と指示した。その碑には「一九四五年から一九四六年にかけて極東から強制移送された数百名の日本人が、この劇場の建設に参加し、その完成に貢献した」とウズベク語・日本語・英語で書かれている。地元の若者は、親から「日本人のような真面目な人になりなさい」と教えられ育つという。

（松浦明博）

21　日米安全保障条約（新安保条約）

一九六〇（昭和三十五）年一月十九日

1　イントロダクション

一九六〇（昭和三十五）年一月十九日、ワシントンＤＣで調印された全一〇条からなる日本国とアメリカ合衆国との安全保障条約。一九五一（昭和二十六）年に調印された安全保障条約（旧安保条約）に代わる条約として調印されたが、実質的には旧安保条約の改定と見なされ、新安保条約、または、六〇年安保条約などと言われる。

その当時首相であった岸信介《きしのぶすけ》は、敗戦から立ち直りつつあった日本が、押しつけられた条約、駐軍協定にすぎない条約などとの批判があった旧安保条約を改定し、米国とより対等な立場になることを目指していた。

戦後日本の安全保障の基軸になってきた日米安保において、一九六〇年の改定では、何が変わり何が変わらなかったのだろうか。

2 条約調印への道

●重光《しげみつ》＝ダレス会談

一九五五（昭和三十）年、鳩山一郎《はとやまいちろう》政権の外相であった重光葵《しげみつまもる》が訪米し、安保条約改定を申し入れた。重光外相が提案した内容は、西太平洋の双方の領土と施政権下にある地域が、第三国から攻撃を受けた場合、憲法上の手続きに従って相互に助け合うことであった。つまり、米国を守るために日本が海外に派兵することであった。重光は、現憲法下でも可能であると考えていたが、ダレスは、日本の現在の防衛力では足りないこと、鳩山内閣は政権基盤が弱く憲法の改正が難しいことなどを理由に拒否した。重光の実現性が低い提案に対して苛立《いらだ》ちがあったとも言われる。

重光は、非公式ではあるものの、一二年以内の米軍の全面撤退の構想を明かしていた。これは米国の極東における軍事行動が、現在に比べて大きく制限されることになり、米国としては受け入れることのできない内容であった。

●岸《きし》内閣の誕生と旧安保条約改定の布石

一九五七（昭和三十二）年、病気のために退陣した石橋湛山《いしばしたんざん》に代わり首相になったのは、岸信介であった。戦前は、東条《とうじょう》内閣で商工大臣を務めた。戦後はA級戦犯の容疑で巣鴨《すがも》プリズンに収監されるが釈放され、公職追放解除で政界に復帰した人物である。

岸は、自由党と日本民主党の合同（保守合同）を主導した。また、保守合同により誕生した自由民主党の初代幹事長として、党とさまざまな団体との連携体制を築いて保守政治の基盤を安定させた。日本の政局が安定するためには、安定した保守政治が必要だと考えていた米国から、内政家としての実力を評価されることとなる。

また、首相就任後、旧日米安保改定をアメリカに説得するには、日本の防衛力増強が必要と考え、国防会議を開いて、第一次防衛計画を決定した。内容は、一九六〇年度までに陸上一八万人、海上一二万四〇〇〇トン、航空一三〇〇機をめざした防衛力増強の計画であった。さらに、米国訪問前に、東南アジアを歴訪し、日本がアジアの中心であることを印象付けている。

一九五七年、渡米した岸首相は、アイゼンハワー大統領、ダレス国務長官らと会談した。その際、日本は共産主義国や中立国にならないことと、米国との連携こそが一番重要であると考えていることを語った。その後、一九五八（昭和三十三）年、日米両政府が旧安保条約を相互条約に改定する交渉を、東京で開始することが正式に決まった。

●米国の思惑

米国が改定に合意したのは、日本側の努力を認めたこともあるが、それ以上に米国の国益に適うとの判断があった。

当時、日本は経済状況の好転、ソ連との国交回復、国連加盟などがあり、相対的に米国への依存度が減少してきた。また、ジラード事件（群馬県の相馬《そうま》が原《はら》演習場で、米軍兵士が薬莢《やっきょう》拾いの日本人農婦を射殺した事件）などにより、反基地感情が広がっていた。そのような状況の中で、米国は、日本が米国との連携を解消し中立国を目指すことや、また、共産勢力に取り込まれることに不安を感じるようになった。それは、極東における米国の影響力が失われることであった。

3　条文と解説

条文は全一〇条からなるが、主要な条文は以下の通りである。

21　日米安全保障条約（新安保条約）

第一条　締約国は、国際連合憲章に定めるところに従い、それぞれが関係することのある国際紛争を平和的手段によつて国際の平和及び安全並びに正義を危うくしないように解決し、並びにそれぞれの国際関係において、武力による威嚇又は武力の行使を、いかなる国の領土保全又は政治的独立に対するものも、また、国際連合の目的と両立しない他のいかなる方法によるものも慎むことを約束する。
締約国は、他の平和愛好国と協同して、国際の平和及び安全を維持する国際連合の任務が一層効果的に遂行されるように国際連合を強化することに努力する。

第二条　（前略）締約国は、その国際経済政策におけるくい違いを除くことに努め、また、両国の間の経済的協力を促進する。

第四条　締約国は、この条約の実施に関して随時協議し、また、日本国の安全又は極東における国際の平和及び安全に対する脅威が生じたときはいつでも、いずれか一方の締約国の要請により協議する。

第五条　各締約国は、日本国の施政の下にある領域における、いずれか一方に対する武力攻撃が、自国の平和及び安全を危うくするものであることを認め、自国の憲法上の規定及び手続に従つて共通の危険に対処するように行動することを宣言する。前記の武力攻撃及びその結果として執つた全ての措置は、国際連合憲章第五十一条の規定に従つて直ちに国際連合安全保障理事会に報告しなければならない。その措置は、安全保障理事会が国際の平和及び安全を回復し及び維持するために必要な措置を執つたときは、終止しなければならない。

第六条　日本国の安全に寄与し、並びに極東における国際の平和及び安全の維持に寄与するため、アメリカ合衆国は、その陸軍、空軍及び海軍が日本国において施設及び区域を使用することを許される。

前記の施設及び区域の使用並びに日本国における合衆国軍隊の地位は、千九百五十二年二月二十八日に東京で署名された日本国とアメリカ合衆国との間の安全保障条約第三条に基く行政協定（改正を含む。）に代わる別個の協定及び合意される他の取極により規律される。

〔解説〕 第一条で、国連憲章に根拠を置いて、日米が平和と安全のため協力することをはっきりさせ、憲章の原則に立って行動することを明瞭にしている。

第二条では、「旧安保」で「守ってもらう」立場にあった日本が、ともに協力して進んでいくというスタンスを示した。政治・経済・文化の協力は、日米間のいっそう緊密で強力な関係を築くことになった。

第四条においては、事前協議制度を新たに設けた。対象となる事項として「配置における重要な変更」「装備における重要な変更」「我が国から行なわれる戦闘作戦行動」がある。この条文を踏まえて、日本に進入・通過をする米艦船・航空機の「核兵器搭載」については、米国側から事前協議の申し出がない以上、持ち込みはないというのが日本政府の公式見解である。だが疑問視する声もあり、事前協議制度の空洞化も懸念されている。

第五条と第六条の米国の対日防衛義務については、さまざまな見解がある。抑止力としての効果は期待できるが、米国の防衛義務は、完全に明文化されていない。日本が侵略された場合、米軍が自動的に参戦するわけではなく、初めに大統領の決定が必要であり、後には、米国議会の承認も必要になる。

4 条約は、その後の歴史をどう変えたか

●日米安保と専守防衛

日本の国防政策は憲法に沿って決定されている。専守防衛とは、相手から武力攻撃を受けたときにはじめて防衛力を行使し、その態様も自衛のための必要最小限にとどめ、また、保持する防衛力も自衛のための必要最小限のものに限るなど、憲法の精神に則った受動的な防衛戦略をいう。

この専守防衛では外部からの攻撃を未然に防ぐことができないが、政府も一定条件のもと敵基地を攻撃することは自衛権の範囲として攻撃可能だという見解を示している。しかしながら、ここも議論が分かれるところである。

空母も戦略爆撃機も持たない自衛隊は、敵地を攻撃する能力を有していない。敵地攻撃能力は米軍に頼っているのが現状である。このため、日米安保は日本の専守防衛戦略を支える役割を果たしている。

●日英同盟と日米同盟

日米安保は、日米同盟とも言われている。ある時代における大国と同盟を結ぶことは、

外国による武力侵攻への抑止力を高めるために有効である。過去の同じような例として、日英同盟の例が引かれる。

しかし、この二つの条約には、日本のあり様において大きな違いがある。日英同盟時代の我が国は、小国といえども自国を防衛する陸海軍を保持していた。足りないところを英国に補ってもらうという考えであった。現在の自衛隊は、法律、装備、米軍との関係において、国を守るための独立した軍事単位とはなっていない。日本は、自分の国は自分で守ることを基本とする戦略も実力も持てないでいる。

このことは、日米安保を考える日本人の思考にも影響している。米国の考えに沿った行動をしないと、いざと言うときに助けてもらえないという所謂《いわゆる》「見捨てられ論」と、日本と関係のない米国の戦争につきあわされてしまうという所謂「巻き込まれ論」である。この二つの根っこにある基本的な思想は、同じである。つまり、自国の安全は、自国で守ることが第一であるという基本を忘れている。

●「ビンの蓋論」

米国が、日本に再軍備を迫ったのは、極東における米国の国益を守るために必要だと考えられたからである。日本に、米軍の補完的な役割を担わせることであり、日本の国益を第一に考えてのことではない。自衛隊の装備の性能は、世界の中でも優秀であると言われているが、その装備は米軍の補完的な能力であって、米軍を代替する能力にはなっていない。

日本をアメリカに従属的な国家のままにしておきたいと考える米国のウイークジャパン派と言われる人たちは、駐留軍が日本の軍事大国化を抑える役割をしていると考えている。日米安保がなければ、日本は否応なく自主防衛に迫られる。それを防ぎ、米軍の駐留によって対米依存を継続させたいと考えている。駐留軍をビンの蓋《ふた》に譬《たと》える所謂「ビンの蓋論」である。

この「ビンの蓋論」には、日本の防衛力強化が、米国の脅威となるかもしれないという危機感が潜在的に米国にあることを物語っている。

5 条約をめぐるエピソード

●岸信介《のぶすけ》の見果てぬ夢

条約改定は、旧安保条約の不平等をなくし、より平等な条約にするためのものであった。一方、安保条約に反対する運動、所謂安保闘争が起こった。

条約は、参議院の議決がないまま、六月十九日に自然成立をした。岸内閣は混乱の責任を取る形で、新安保条約の批准交換の日に総辞職をした。

総理辞任の際、発表した所信の一部では「この度の集団的暴力（安保闘争）により、国の内外において、議会政治を破壊するがごとき行動をなすものが出現し、国の秩序を乱すにいたったことは遺憾……この背後には、国際共産勢力の策謀があることは特に憂慮にたえない」と述べている。安保闘争は、具体的な条約内容についての反対というよりは、岸やアメリカに対する反感を利用して、国内の混乱を誘発する運動の側面があった。

岸元総理は後にインタビューに答えて、安保改定をステップにして憲法を改正し、海外派兵を可能にして、日米対等の真の相互防衛条約を結ぶ構想を抱いていたと回顧している。旧安保改定は、それで終わりでなく、日本が敗戦から立ち直り名実ともに独立国になるための第一歩であった。その後の日本は、岸の構想通りとはならなかった。そうであるならば、岸の目には、「未だ日本の独立ならず」と見えているかもしれない。

また、岸総理は、「安保改定がきちんと評価されるには、五〇年はかかる」という言葉を残している。日米安保は、その後半世紀以上にわたり存続し、日本の政治体制・軍事体制に定着している。岸の言う五〇年が過ぎた現在を生きる私たちは、その言葉をどのように聞けばよいのだろうか。

（髙橋智之）

22 日韓基本条約

一九六五（昭和四十）年六月二十二日

1 イントロダクション

一九五一（昭和二十六）年の予備会談から一四年を要し、一九六五（昭和四十）年六月二十二日に調印された日本と韓国との戦後処理の基本条約。条約とともに「漁業協定」、「財産および請求権に関する問題の解決並びに経済協力に関する協定」など四つの協定を含む合意事項に署名がなされた。これにより両国関係が「正常化」したが、現在でも多くの問題を抱えている。

2　条約調印への道

●七次一四年にわたった会談

一九五一年九月八日、日本は連合国と「サンフランシスコ講和条約」を締結。同年十月二十日、日韓国交正常化に向けて、GHQの斡旋のもとに予備会談が開かれた。翌年から本格的な会談が始まり、協議は七次一四年間に及んだ。そして一九六五年二月ソウルで基本条約の仮調印をし、同年六月二十二日、条約および諸協定は、東京の永田町総理大臣官邸で正式調印にいたった。

この間、交渉は何度も決裂し中断する。第一次会談のエピソードが伝えられている。「今でも朝鮮に虎はおりますか」という吉田茂首相の問いかけに、李承晩《りしようばん》大統領は「いや、壬辰《じんしん》・丁酉倭乱《ていゆうわらん》（文禄・慶長の役）でお国の加藤清正《かとうきよまさ》がみんな持っていってしまったので、今はおりません」と答え席を蹴《け》った。

第三次会談では久保田貫一郎《くぼたかんいちろう》首席代表が「日本は統治時代に鉄道を敷いた、禿山《はげやま》が緑の山になった」等の発言をすると、韓国側は「カイロ宣言」で使われた「朝鮮の人民の奴隷状態」という文言（225ページ参照）を金科玉条のように持ち出し、日本は韓国から「搾取」したと主張して、またも席を立った。

●朴正熙《ぼくせいき》の大統領就任で急展開

交渉が決裂し中断すると、韓国を援助することの財政負担に苦しむアメリカは、日韓交渉を再開するよう働きかける。一九六四（昭和三十九）年の李東元《りとうげん》外相とブラウン大使の共同声明でも、「韓日懸案問題の早期妥結を実現する上で、アメリカは可能なすべての方法で支援する」とした。そして日本に対しても、同様のことを公言している。

難航した交渉は、一九六一（昭和三十六）年、朴正熙《ぼくせいき》の大統領就任で急展開した。経済と食糧危機の韓国社会を立て直すのは、経済発展しかないと考えた彼は、「国交正常化」を最重要課題に選択した。そして、すぐさま日本と条約を結び、日本からの支援金をその再生資金に充《あ》てようとしたのである。

一九六一年十一月、彼は訪米前に立ち寄った日本で、時の池田勇人《いけだはやと》首相ら日本の政治家を前にして、兄の気持ちで韓国を育ててくださいと切り出した。そして自力で経済を興すとして、植民地請求権に代わる後押しを頼んだ。

韓国側はそれまで八〇億ドルという莫大な金額を要求していたが、このとき、対日請求権の放棄を述べている。日本は賠償ではなく、経済協力の形で資金援助を行なうこととなった。池田は病気のため任期途中で退任するが、後を継いだ佐藤栄作《さとうえいさく》も「自分の在任中に必ず日韓会談を成功させる」と意欲を示した。

3 条文と解説

日本国と大韓民国との間の基本関係に関する条約（日韓基本条約）

第一条 両締約国間に外交及び領事関係が開設される。両締約国は、大使の資格がある外交使節を遅滞なく交換する。また、両締約国は、両国政府により合意される場所に領事館を設置する。

第二条 一九一〇年八月二十二日以前に大日本帝国と大韓帝国との間で締結されたすべての条約及び協定は、もはや無効であることが確認される。

第三条 大韓民国政府は、国際連合総会決議第百九十五号（Ⅲ）に明らかに示されているとおりの朝鮮にある唯一の合法的な政府であることが確認される。

第四条 (a)両締約国は、相互の関係において、国際連合憲章の原則を指針とするものとする。(b)両締約国は、その相互の福祉及び共通の利益を増進するに当たって、国際連合憲章の原則に適合して協力するものとする。

第五条 両締約国は、その貿易、海運その他の通商の関係を安定した、かつ、友好的な基礎の上に置くために、条件又は協定を締結するための交渉を実行可能な限りすみやかに開始するものとする。

第六条　両締約国は、民間航空運送に関する協定を締結するための交渉を実行可能な限りすみやかに開始するものとする。

第七条　この条約は、批准されなければならない。批准書は、できる限りすみやかにソウルで交換されるものとする。この条約は、批准書の交換の日に効力を生ずる。

【解説】「基本条約」は全七条からなり、要旨は旧条約の無効と管轄権である。

第二条では、旧条約がいつから無効かということが争点となった。韓国は、日韓併合自体が不法だからこの時点までさかのぼるべきだと主張した。これに対し日本は、終戦後のサンフランシスコ講和条約とすべきとした。結局、「もはや無効」という表現で合意した。

第三条に、管轄権が記されている。韓国は憲法で「大韓民国は朝鮮半島すべてにおける唯一の合法政府」と規定している。これに対し日本側は「大韓民国は三十八度線以南での合法政府」だと主張し、仮調印の前日まで平行線は続いた。そして国際連合総会決議一九五（Ⅲ）に注目し、これを引用する名案を思いついた。

この第二項には、「臨時委員会が観察し、及び協議することができたところの、全朝鮮の人民の大多数が居住している朝鮮の部分に対して有効な支配及び管轄権を及ぼしている合法的な政府（大韓民国政府）が樹立されたこと、この政府が、朝鮮のその部分の選挙民の自由意思の有効な表明であり、かつ、臨時委員会が観察した選挙に基づくものであることと並びにこの政府が朝鮮における唯一のこの種の政府であることを宣言し」とある。

つまり国連決議は、韓国が現実に支配している地域を明記していない。したがって韓国側は、「朝鮮半島を代表する唯一の合法政府である」と主張でき、日本側は「韓国は南半分の限定政府である」と読み取れる。これならば双方の国民に何とか説明がつくとし、合意にいたった。

4　条約は、その後の歴史をどう変えたか

●四つの協定

基本条約とともに「漁業協定」「請求権・経済協力協定」「在日韓国人の法的地位協定」「文化財及び文化協定」の四つの協定が結ばれた。

「漁業協定」

日本海を生活の場とする日韓双方の漁民にとって、操業範囲をはっきり決めておくことは重要である。サンフランシスコ平和条約で日本の領土が記されているが、李承晩は締結から発効までの間隙を突いて、一方的に日本海に境界線を引いた（李承晩ライン）。韓国はこれ以降、このラインを越えた日本漁船に対して、長期にわたり拿捕《だほ》・抑留を繰り返した。銃撃を含む拿捕は、すでに始まっていた予備会談に衝撃を与えた。韓国は抑留した漁民を人質とする外交手法をとった。日本政府は漁民保護を最優先に、なんとかこのラインの撤廃を求めるが、韓国は譲らなかった。

そして最終的に「共同調査水域」という名称にして、双方が各々有利に解釈できる余地を残して折り合いをつけた。これにより李承晩ラインは自動的に無効・廃止とされた。しかし、竹島《たけしま》に関しては「棚上げ」されることとなった（竹島については後述）。

「請求権・経済協力協定」

請求権の交渉は、一九五二（昭和二十七）年二月二十日に韓国が「対日八項目要求」を提出するに伴い、第一次日韓会談で討議が開始されたが、日本側の「逆請求権」によって

進展なく決裂した。韓国側が要求した八項目は、

一、韓国から持ち込んだ古書籍、美術品、骨董品、その他の国宝、地図原版および地金銀を返還すること。

二、一九四五年八月九日現在の日本政府の対朝鮮総督府債務を返済すること。

三、一九四五年八月九日以後の韓国からの為替および送金を返還すること。

四、一九四五年八月九日現在で、韓国に本社あるいは事務所がある法人の在日財産を返還すること。

五、韓国法人あるいは自然人の日本および日本国民に対する国債、公債、日本銀行券、被徴用韓国人の未収金、その他の請求権を認め返済すること。

六、韓国法人あるいは自然人所有の日本および日本法人株式、あるいはその他の証券を法的に認定すること。

七、前記財産あるいは請求権から当然生じる利子・配当分を返還すること。

八、前記した返還および決済は、協定成立後から開始し、おそくとも六カ月以内に完結すること。

これに対して日本が残してきた在朝鮮資産は、外務省によると一九四五年八月五日現在で七〇二億五六〇〇万円という莫大な金額にのぼる。幾度もの会談の結果、一九六二年十一月、大平正芳《おおひらまさよし》外相は金鍾泌《きんしょうひつ》韓国中央情報部部長との会談で、「無償三億ドル、有償二億ドル、商業借款一億ドル以上」と大臣用のメモ用紙に書き入れた。「大平・金メモ」と呼ばれるものだ。そして日本では「経済協力」、韓国側は「請求権」というそれぞれ都合の良い表現にすることで合意した。

最終的な合意は椎名悦三郎《しいなえつさぶろう》・朴正熙会談に持ち越された。「大平・金メモ」を基に、「日本は、無償三億ドル、有償二億ドル、商業借款三億ドル以上を供与する代わりに、韓国側はそれまで日本に対して提起していた一切の請求権を放棄する」という内容である。最終的な数字が決まったのは、仮調印の当日の早朝のことだった。

この金額は、当時の外貨保有が一四億ドルという日本の外貨事情と経済規模にとって、莫大なものだった。そしてこれは輸出高が八七〇〇万ドル、国民一人当たり総生産一〇二ドル程度に過ぎなかった韓国にとっては、喉から手が出るほど欲しかった資金であり、一九六二年から着手した五カ年計画を成功させるには不可欠な外資だった。

●日本の経済支援で実現した「漢江《ハンガン》の奇跡」

日本にとって日韓国交正常化の意義は何だったのだろうか。

条約締結の目的は、両国の一切の懸案を解決し、両国間に正式国交を開始することで、新しい友好関係を築こうとしたものである。両国が協力して安定と繁栄の道を進むことが、アジア全体の平和と安定に寄与するであろうと考えられていた。

総額八億ドルに上る日本の供与と技術協力で、韓国経済は飛躍的に発展した。「韓国が経済的に自立して民主主義国家となり、ソ連・中国・北朝鮮の共産主義の脅威を防ぎ、アジア地域の自由諸国の団結と安定を図る」というアメリカの狙いは達成された。

経済発展を望んだ朴正熙の狙いは、みごとに成功した。彼は日本からの供与金を、経済五カ年計画の資金として活用した。代表的なものは、ソウルと釜山《プサン》をつなぐ高速道路（京釜高速道路）と浦項《ポハン》の総合製鉄所である。この二つには、日本は資金援助だけでなく、技術支援も行なっている。浦項総合製鉄（二〇〇五年に社名を変え、現在はポスコ）は八幡《やわた》製鐵、富士《ふじ》製鐵など日本鉄鋼業界八社で構成された浦項総合製鉄建設協議会と、日本政府の協力で建設することができた。

韓国経済は、日本の支援により急速に発展をとげ、それは「漢江の奇跡」と呼ばれた。

●棚上げされた「竹島問題」

基本条約の締結による「国交正常化」を第一に考えた両国は、双方の利益を守り国民を納得させられるぎりぎりの表現で妥協した。しかし曖昧《あいまい》にしたため、今日まで問題を残しているものがある。

竹島の帰属をめぐって、韓国はアメリカに、サンフランシスコ平和条約で日本が放棄した領土に、対馬《つしま》、竹島を追加することを要求した。

アメリカは、一九五一年八月十日、国務次官補のディーン・ラスクが通達した「ラスク書簡」にて「独島《ドクト》、もしくは竹島、リアンクール岩として知られている島については、我々の情報によれば、日常的には人の居住しないこの岩礁は、韓国の一部として扱われたことはなく、一九〇五年頃からは、日本の島根県隠岐《おき》島庁の管轄下にありました。この島について、韓国によりこれまで領土主張されたことがあるとは思われません」と回答した。

これに対し李承晩は、条約発効直前の一九五二年一月十八日（条約発効は四月二十八日）、一方的に竹島を自国領に含めた「李承晩ライン」を引いたことは先に記したとおりである。これにより、戦後韓国に拿捕された日本漁船は三二六隻、抑留された日本人は三九〇四人にものぼる。また射殺された船員もいる。さらに一九五四（昭和二十九）年には警備隊を常駐させ、今日まで不法占拠を続けているのである。竹島は日本が一九〇五（明治三十八）年に島根県に編入した日本領土だが、韓国は戦後これに異議を唱えた。竹島を自国領に入れるかどうかで領海が変わり、漁業に大きく影響するからだ。

竹島の帰属問題は「漁業協定」の交渉で最後まで紛糾した。交渉が大詰めを迎えたとき、椎名と朴は、竹島問題を次世代に委ねることとし、これも双方に都合の良い解釈ができる表現で落ち着いた。いわゆる「棚上げ」で、「当分お互いが主張し合うのもやむを得ない」とし、今も平行線のままである。

5 条約をめぐるエピソード

●わざと国際電話を傍受させた椎名悦三郎《しいなえつさぶろう》

双方とも締結する決意で臨んだ会談だったが、明日が帰国という日になっても平行線のままだった。韓国の外相は三十八歳の李東元。交渉は深夜におよび、何とか後は総理の最終承認を残すまでにこぎ着けた。

だが、ここからが大変だった。この頃の韓国の電話状態は悪く、国際電話を申し込んでも一日以上待たされるほどだったので、とても役に立たない。在日米軍と韓国軍の間の特別回線を使うしかなかった。先遣隊として韓国にいた前田利一極東アジア課長は、椎名の訪韓中に必ず両国にとって非常に大事な連絡があることを予想し、韓国の電話局にコーラ五ダース、洋菓子五〇人分の差し入れをした。そして翌朝六時から三〇分間隔でこの人たちに電話をかけてくれと、くどいくらい頼んだ。六時ちょうどに電話のベルがなり、佐藤首相との回線がつながり了承をとることができた。

この電話は韓国政府に傍受されていた。それを承知で、椎名はわざと相手に聞かせるように語っていたようだ。これを聞いていた韓国側は国交正常化への熱意に感動し、椎名に対する敬意は不動のものになったと言われている。

（山﨑ちあき）

23　日中共同声明

一九七二（昭和四十七）年九月二十九日

1　イントロダクション

日本と中華人民共和国（中国）が国交を回復するために、一九七二（昭和四十七）年九月二十九日、北京《ペキン》で調印した共同声明。正式名称は、「日本国政府と中華人民共和国政府の共同声明」という。これによって、日本は中国共産党が支配する中華人民共和国を正統な政府として認め、台湾と断交した。

共同声明の第八項には、さらに進んで平和条約の締結の方針がうたわれ、一九七八（昭和五十三）年八月十二日、日中平和友好条約（正式名称は「日本国と中華人民共和国との間の平和友好条約」）が結ばれた。これにより、中国は日本からの多額のＯＤＡ（政府開発援助）を獲得することとなった。

2　声明調印への道

●中国への「罪の意識」を共有する田中角栄《たなかかくえい》総理と大平正芳《おおひらまさよし》外相

一九七一（昭和四十六）年七月十五日午後十時半、アメリカのニクソン大統領は、テレビを通じて全国民に向け、中国を訪問する予定を発表した。アメリカは同盟国の日本には何の相談もなく、世紀の政策転換を決定したのである。日本政府は大いに驚愕《きようがく》し、当時「ニクソン・ショック」と呼ばれた。同年十月には、中国の国連代表権が認められ、台湾は国連を脱退した。ニクソン訪中は、一九七二年二月に実現した。

佐藤栄作《さとうえいさく》内閣の後を継いで総理の座を狙っていた田中角栄《たなかかくえい》は、日中国交正常化を政権獲得の一策と位置づけた。総裁選挙で福田赳夫《ふくだたけお》に勝ち、一九七二年七月七日、内閣総理大臣となった田中は、直ちに日中国交回復に向けて行動を開始した。田中は、今の中国をつくった毛沢東《もうたくとう》や周恩来《しゆうおんらい》ら革命の第一世代の「目が黒いうちに」、日中国交正常化を成し遂げようと決意した。

しかし、日中の国交が回復することは、必然的に台湾と断交することを意味する。当時、自民党内は北京派と台湾派に分かれ、両派は乱闘寸前にまでなるほど対立していた。このそうした中で日中国交正常化を推進したのは、田中総理と大平正芳《おおひらまさよし》外務大臣だった。この二人の政治家は、日本が中国人を酷《ひど》い目に遭《あ》わせたという「罪の意識」（ギルティ・コンシャスネス）を持っているという点で共通していた。

●日中国交正常化交渉の争点

日中国交正常化には、いくつもの難しい争点があり、越えなければならない壁があった。そのうちの主要なものについて経過を追ってみたい。

①賠償請求権問題

賠償について日本は、一九五二（昭和二十七）年四月、台湾の蔣介石《しょうかいせき》政権と結んだ日華平和条約で台湾が賠償請求を放棄しており、中国に賠償請求権はないという立場だった。これに対し、一九五五（昭和三十）年八月十六日の中国外交部声明は、日本が「一千万以上の中国人民を殺戮し、中国の公私の財産に数百億米ドルにのぼる損害を与え」たとして、賠償請求権を主張していた。ところが、一九六二（昭和三十七）年から中国は、訪中した日本人に、賠償請求権放棄の意向を示すようになった。その理由を中国側は、第一次大戦後のドイツの例を挙げ、請求権問題を強く出せば日本国内にファシストを誘起させることになると説明した。

中国側の賠償請求権放棄の方針は一貫しており、日中共同声明の第五項に、「中華人民共和国政府は、中日両国国民の友好のために、日本国に対する戦争賠償の請求を放棄することを宣言する」という文言が盛り込まれた。

しかし、日中共同声明の解説書が、賠償請求権放棄を中国側の善意のようにして扱うのは一面的な論法である。中国側の賠償請求権放棄は、日本が大陸に残した公私の財産の請求権を放棄することとセットになっていることを伏せているからである。もし正確に計算すれば、日本側の請求額のほうが大きくなる可能性は大いにあるのだ。またその後、中国は賠償請求権放棄の代償として巨額のODAを日本から引き出すことに成功している。

②台湾に関する「黙約事項」案

公明党の竹入義勝《たけいりよしかつ》委員長は、一九七二年七月、訪中して周恩来総理と面会した。周恩来は竹入に、八項目の共同声明案を示した。その中で、周は「台湾は中華人民共和国の領土であって、台湾を解放することは中国の内政問題である」という文言を提案し、これを「黙約事項」にしたいと申し入れた。こうした密約は、漏れる可能性が大きく、日本側はこれを受け入れなかった。

③戦争状態終了問題

中国との戦争はいつ終わったのか。日華平和条約が締結された一九五二年、というのが日本の立場だった。中国側は、日華平和条約は違法であるとして認めず、「本声明が公表される日に」戦争状態が終了するというのが中国側の案であった。

日本の外務省担当者は、「不自然な状態」という言葉をひねり出した。戦争状態という言葉ではお互いに譲れなくなることを回避するためであった。最終的には少し表現を変え、「日本国と中華人民共和国との間のこれまでの不正常な状態は、この共同声明が発出される日に終了する」という第一項に盛り込まれた。そのかわり前文に時期を明示せずに「戦争状態の終結」という言葉を入れ、双方が都合のよい玉虫色の解釈を可能にした。

④台湾問題

最も困難を極めたのが台湾の扱いだった。アメリカはニクソン大統領の訪中で「上海コミュニケ」を出していた。その中には、台湾が中国の一部であるという中国側の主張をアメリカは認知する（acknowledge）という表現があった。その趣旨は、アメリカが中国の主張を承認したわけではないことを意味していた。日本にはアメリカよりも踏み込むことは許されなかった。

そこで、日本側の案は、「中華人民共和国政府は、台湾が中華人民共和国の領土の不可分の一部であることを重ねて表明した。日本政府は、この中華人民共和国政府の立場を十分理解し、尊重する」というものだった。中国側がこれを拒否したため、交渉は難航したが、「ポツダム宣言第八項に基づく立場を堅持する」という言葉を挿入することを日本側は思いついた。第八項は、一九四三（昭和十八）年十一月のカイロ宣言を履行すると書かれていた。そのカイロ宣言には、台湾を「中華民国」に返還するとしていた。中国側がこれを飲んで日中共同声明の第三項となった。こうして決裂は回避されたのだった（以上の記述は、服部龍二《はっとりりゅうじ》『日中国交正常化』に主に依拠した）。

3　共同声明全文

日本国政府と中華人民共和国政府の共同声明

日本国内閣総理大臣田中角栄は、中華人民共和国国務院総理周恩来の招きにより、千九百七十二年九月二十五日から九月三十日まで、中華人民共和国を訪問した。田中総理大臣には大平正芳外務大臣、二階堂進《にかいどうすすむ》内閣官房長官その他の政府職員が随行した。

毛沢東主席は、九月二十七日に田中角栄総理大臣と会見した。双方は、真剣かつ友好的な話合いを行なった。

田中総理大臣及び大平外務大臣と周恩来総理及び姫鵬飛《きほうひ》外交部長は、日中両国間の国交正常化問題をはじめとする両国間の諸問題及び双方が関心を有するその他の諸問題について、終始、友好的な雰囲気のなかで真剣かつ率直に意見を交換し、次の両政府の共同声明を発出することに合意した。

日中両国は、一衣帯水《いちいたいすい》の間にある隣国であり、長い伝統的友好の歴史を有する。両国国民は、両国間にこれまで存在していた不正常な状態に終止符を打つことを切望している。戦争状態の終結と日中国交の正常化という両国国民の願望の実現は、両国関係の歴史に新たな一頁を開くこととなろう。

日本側は、過去において日本国が戦争を通じて中国国民に重大な損害を与えたことについての責任を痛感し、深く反省する。また、日本側は、中華人民共和国政府が提起した「復交三原則」を十分理解する立場に立って国交正常化の実現をはかるという見解を再確認する。中国側は、これを歓迎するものである。

日中両国間には社会制度の相違があるにもかかわらず、両国は、平和友好関係を樹立すべきであり、また、樹立することが可能である。両国間の国交を正常化し、相互に善隣友好関係を発展させることは、両国国民の利益に合致するところであり、また、アジアにおける緊張緩和と世界の平和に貢献するものである。

一　日本国と中華人民共和国との間のこれまでの不正常な状態は、この共同声明が発出される日に終了する。

二　日本国政府は、中華人民共和国政府が中国の唯一の合法政府であることを承認する。

三　中華人民共和国政府は、台湾が中華人民共和国の領土の不可分の一部であることを重ねて表明する。日本国政府は、この中華人民共和国政府の立場を十分理解し、尊重し、ポツダム宣言第八項に基づく立場を堅持する。

四　日本国政府及び中華人民共和国政府は、千九百七十二年九月二十九日から外交関係を樹立することを決定した。両政府は、国際法及び国際慣行に従い、それぞれの首都における他方の大使館の設置及びその任務遂行のために必要なすべての措置をとり、また、できるだけすみやかに大使を交換することを決定した。

五　中華人民共和国政府は、中日両国国民の友好のために、日本国に対する戦争賠償の請求を放棄することを宣言する。

六　日本国政府及び中華人民共和国政府は、主権及び領土保全の相互尊重、相互不可侵、内政に対する相互不干渉、平等及び互恵並びに平和共存の諸原則の基礎の上に両国間の恒久的な平和友好関係を確立することに合意する。

両政府は、右の諸原則及び国際連合憲章の原則に基づき、日本国及び中国が、相互の関係において、すべての紛争を平和的手段により解決し、武力又は武力による威嚇に訴えないことを確認する。

七　日中両国間の国交正常化は、第三国に対するものではない。両国のいずれも、アジア・太平洋地域において覇権を求めるべきではなく、このような覇権を確立しようとする他のいかなる国あるいは国の集団による試みにも反対する。

八　日本国政府及び中華人民共和国政府は、両国間の平和友好関係を強固にし、発展させるため、平和友好条約の締結を目的として、交渉を行うことに合意した。

九　日本国政府及び中華人民共和国政府は、両国間の関係を一層発展させ、人的往来を拡大するため、必要に応じ、また、既存の民間取決めをも考慮しつつ、貿易、海運、航空、漁業等の事項に関する協定の締結を目的として、交渉を行うことに合意した。

千九百七十二年九月二十九日に北京で（署名者は省略）

4　声明は、その後の歴史をどう変えたか

●友好の陰で準備されていた「南京大虐殺」のプロパガンダ

日中共同声明と、それに続く日中平和友好条約から、中国は大きな果実を得たと言える。ソ連との対立をテコに、アメリカ、日本との関係を改善したことは、中国の国際的地位を格段に高めるものとなったばかりではなく、経済発展の土台となった。しかも、忘れてならないのは、日中国交回復のこの時期こそ、中国が日本に対して歴史問題で非難し、日本の歴史教科書の内容にまで介入するスタートとなったことである。

例えば、中国が南京大虐殺の宣伝を始めたのもこの時期だった。南京大虐殺はもともと

は蔣介石が捏造《ねつぞう》したネタであり、中国共産党は大々的なキャンペーンの材料にはしていなかった。一九七一（昭和四十六）年、中国共産党は朝日新聞記者・本多勝一《ほんだかついち》を入国させ、証言者を提供して六月から七月までの約四〇日間、中国各地を取材させた。しかし、本多のルポルタージュは客観的に事実を再現したものとは言えず、証言者は全て中国共産党がお膳立てした「語り部」であり、本多の報告は壮大な「やらせルポルタージュ」とでも言うべきものであった。

本多のルポは朝日新聞に「中国の旅」として一九七一年八月から十二月まで連載され、のちに単行本となった。日本人はどこかの国と友好関係を結ぶとき、その国の悪行を集めておこうなどとは考えない。まるで反対の発想に立つ中国は、日本との国交が回復することを見越して、早手回しに手を打っていたのである。

5　声明をめぐるエピソード

●田中の「ご迷惑スピーチ」を利用した周恩来《しゅうおんらい》

一九七二年九月二十五日、北京を訪れた田中角栄総理一行は、その日の夕、人民大会堂で開かれた周恩来主催の晩餐会《ばんさんかい》に臨《のぞ》んだ。田中は挨拶《あいさつ》の中でこう述べた。

「過去数十年にわたって日中関係は遺憾ながら不幸な経過をたどってまいりました。この間、わが国が中国国民に多大のご迷惑をおかけしたことについて、私は改めて深い反省の念を表明するものであります」

この「ご迷惑」（中国語訳は「添了麻煩」）という言葉に周恩来は凍り付いた。翌日の会議でも周はこの問題を持ち出し、田中を批判し、怒りを露《あら》わにした。「ご迷惑」という表現は、中国語では女性のスカートにコーヒーをちょっとこぼしてしまったような程度の被害について言う言葉だそうである。

しかし、奇妙なことがある。田中のスピーチの翻訳はあらかじめ中国に渡されており、中国側がタイプして会場に配布していた（服部龍二、前掲書）。田中は、日本ではこれが心からの謝罪を表現する言葉であると弁明し、撤回しなかった。いやしくも相手国のトップの発言に対し、このような難癖をつけること自体、朝貢国の首長の扱いである。周恩来は、田中の無礼を一喝《いっかつ》することで、道徳的に相手を劣位に立たせ、交渉を自己のペースで有利に進めるために一芝居打ったのかもしれない。

周恩来は田中に「言必信《げんかならずしん》　行必果《ぎょうかならずか》」（その言葉は必ず真実であり、やるべき事はやり遂げる）という色紙を贈った。田中は素直に喜んだが、出典である『論語』（子路《しろ》二十）には、その先に「硜硜《こうこう》然《ぜんとして》小《しょう》人《じん》哉《なるかな》（もしそれだけの人だとしたら、人間として小さい）という言葉が続いており、田中は大いに侮辱されたのである。周恩来はどこまでいっても食えない人物だった。

（藤岡信勝）

参考文献一覧

〈1章〉
ペルリ著、土屋喬雄・玉城肇訳『ペルリ提督　日本遠征記』一九五三年（岩波文庫）
猪口孝監修、三方洋子訳『猪口孝が読み解く「ペリー提督日本遠征記」』一九九九年（NTT出版）
鹿島守之助『日米外交史　第1巻　幕末外交』一九七〇年（鹿島研究所出版会）
芝原拓自『日本の歴史　第23巻　開国』一九七五年（小学館）
渡辺惣樹『日本開国』二〇〇九年（草思社）
〈2章〉
鹿島守之助『日米外交史』一九五八年（鹿島研究所出版会）

オールコック著、山口光朔《こうさく》訳『大君の都―幕末日本滞在記』一九六二年（岩波書店）
石井　孝『日本開国史』一九七二年（吉川弘文館）
三上隆三『江戸の貨幣物語』一九九六年（東洋経済新報社）
加藤祐三『幕末外交と開国』二〇一二年（講談社）

〈3章〉
中村粲『大東亜戦争への道』一九九一年（展転社）
村田雄二郎編『新編　原典中国近代思想史2　万国公法の時代』二〇一〇年（岩波書店）
岡本隆司『世界のなかの日清韓関係史　交隣と属国、自主と独立』二〇〇八年（講談社）
岡本隆司　川島真編『中国近代外交の胎動』二〇〇九年（東京大学出版会）
岡本隆司『属国と自主のあいだ』二〇〇四年（名古屋大学出版会）

〈4章〉
外務省国内広報課『われらの北方領土2006年版』（外務省）
水口志計夫・沼田次郎編訳『ベニョフスキー航海記』一九七〇年（平凡社）

清水達也、斎藤博之『海にむすぶきずな―ディアナ号と戸田号のものがたり』一九八二年（岩崎書店）

〈5章〉

名越二荒之助編著『日韓共鳴二千年史』二〇〇二年（明成社）
呉善花『韓国併合への道』二〇〇〇年（文藝春秋）
岡本隆司『属国と自主のあいだ』二〇〇四年（名古屋大学出版会）
岡本隆司『世界のなかの日清韓関係史　交隣と属国、自主と独立』二〇〇八年（講談社）
杵淵信雄『日韓交渉史～明治の新聞にみる併合の軌跡』一九九二年（彩流社）
鹿島守之助『日本外交史』一九六五年（鹿島研究所出版会）
下條正男『日韓・歴史克服への道』一九九九年（展転社）
崔基鎬『韓国堕落の２０００年史』二〇〇一年（祥伝社）
杉本幹夫『「植民地朝鮮」の研究』二〇〇二年（展転社）

〈6章〉

鹿島守之助『日本外交史』一九六五年（鹿島研究所出版会）

樋口次郎・大山瑞代 編著『条約改正と英国人ジャーナリスト』一九八七年（思文閣出版）

岡田幹彦『小村寿太郎』二〇〇五年（展転社）

岡崎久彦『明治の外交力―陸奥宗光の『蹇蹇録《けんけんろく》』に学ぶ』二〇一一年（海竜社）

小村寿太郎侯伝記本編集委員会『小村寿太郎―若き日の肖像』二〇一三年（鉱脈社）

〈7章〉

三橋広夫訳『韓国の中学校歴史教科書』二〇〇五年（明石書店）

崔基鎬『韓国堕落の2000年史』二〇〇一年（祥伝社）

井上秀雄『古代朝鮮』二〇〇四年（講談社学術文庫）

陸奥宗光『蹇蹇録《けんけんろく》』一九八三年（岩波文庫）

〈8章〉

伊藤正徳『軍閥興亡史』一九五七年（文藝春秋）

松村劭監修・造事務所『図解　世界史が簡単にわかる戦争の地図帳』二〇〇八年（三笠書房）
武光誠『図解　世界戦史の謎と真実』二〇〇七年（PHP研究所）

〈9章〉

吉村昭『ポーツマスの旗』一九八三年（新潮文庫）
金山宣夫『小村寿太郎とポーツマス』一九八四年（PHP研究所）
横手慎二『日露戦争史』二〇〇五年（中公新書）
フレドリック・スタントン著、佐藤友紀・村田晃嗣訳『歴史を変えた外交交渉』二〇一三年（原書房）
「日露講和會議記録」（「アジア歴史資料センター」ホームページ）

〈10章〉

東郷茂徳『時代の一面』一九五二年（改造社）
中村義編『新しい東アジア像の研究』一九九五年（三省堂）

〈11章〉
信夫淳平『近代外交史論』一九二七年（日本評論社）
金井章次著、田辺寿利編『満蒙行政瑣談』一九四三年（創元社）
鈴木武雄監修『西原借款資料研究』一九七二年（東京大学出版会）
チャールズ・リンドバーグ『リンドバーグ第二次大戦日記』一九七四年（新潮社）
牧野雅彦『ヴェルサイユ条約』二〇〇九年（中公新書）

〈12章〉
鹿島守之助『日本外交史 第13巻』一九七一年（鹿島研究所出版会）
細谷千博編『ワシントン体制と日米関係』一九七八年（東京大学出版会）
石井菊次郎『外交余録』一九三〇年（岩波書店）
H・A・キッシンジャー『外交 上』一九九六年（日本経済新聞社）

〈13章〉
高柳松一郎『支那関税制度論』一九二六年（内外出版）

立作太郎『九国条約』一九三七年（日本外交協会）
市古宙三『世界の歴史20　中国の近代』一九九〇年（河出書房新社）
黒島耐『帝国国防方針の研究』二〇〇〇年（総和社）

〈14章〉
関静雄『ロンドン海軍条約成立史』二〇〇七年（ミネルヴァ書房）
朝日新聞政治経済部編『軍備縮小の話』一九三〇年（朝日新聞社）
平松良太「ロンドン海軍軍縮問題と日本海軍」（1）～（3）『法学論叢』一六九巻　二〇一一年（京都大学法学会）
J・A・マクマリー原著、A・ウォルドロン編著、布川宏他訳『平和はいかに失われたか』一九九七年（原書房）

〈15章〉
西尾幹二『異なる悲劇　日本とドイツ』一九九四年（文藝春秋）
葦津珍彦『明治維新と東洋の解放』一九九五年（皇學館大學出版部）

江崎道朗『コミンテルンとルーズヴェルトの時限爆弾』二〇一二年（展転社）
中村　粲『大東亜戦争への道』一九九一年（展転社）
村田光義『海鳴り』二〇一一年（芦書房）

〈16章〉

ボリス・スラヴィンスキー著、高橋実・江沢和弘訳『考証日ソ中立条約』一九九六年（岩波書店）
産経新聞・斎藤勉『スターリン秘録』二〇〇一年（産経新聞社）
岡崎久彦『重光・東郷とその時代』二〇〇一年（PHP研究所）
平間洋一『第二次世界大戦と日独伊三国軍事同盟』二〇〇七年（錦正社）
工藤美知尋『日ソ中立条約の虚構』二〇一一年（芙蓉書房出版）

〈17章〉

陸戦学会戦史部会『近代戦争史概説（上巻・下巻）』一九八四年（陸戦学会）
渡部昇一『渡部昇一の人生観・歴史観を高める事典』一九九六年（PHP研究所）

〈18章〉
吉田茂『回想十年』第三巻　一九五七年（新潮社）
西村熊雄『日本外交史　第27巻　サンフランシスコ平和条約』一九七一年（鹿島研究所出版会）
三浦陽一『吉田茂とサンフランシスコ講和』一九九六年（大月書店）
岡崎久彦『吉田茂とその時代—敗戦とは』二〇〇二年（ＰＨＰ研究所）
北康利『白洲次郎・占領を背負った男』二〇〇五年（講談社）

〈19章〉
吉田茂『世界と日本』一九六三年（番町書房）
西村熊雄『サンフランシスコ平和条約　日米安保条約』一九九九年（中央公論新社）
五百旗頭真『日本の近代6　戦争・占領・講和』二〇〇一年（中央公論新社）
西部邁、宮崎正弘『日米安保50年』二〇一〇年（海竜社）
原彬久『吉田茂—尊皇の政治家—』二〇〇五年（岩波新書）

〈20章〉
W・ニンモ著、加藤隆訳『検証　シベリア抑留』一九九一年（時事通信社）
五百旗頭真『NHKさかのぼり日本史』「①戦後　経済大国の〝漂流〟」二〇一一年（NHK出版）
河野康子『日本の歴史24　戦後と高度経済成長の終焉』二〇〇二年（講談社）
竹田恒泰『日本はなぜ世界でいちばん人気があるのか』二〇一〇年（PHP研究所）

〈21章〉
戸川猪佐武『昭和の宰相　第5巻　岸信介と保守暗闘』一九八二年（講談社）
江藤淳編『日米安保で本当に日本を守れるか』一九九六年（PHP研究所）
坂元一哉『日米同盟の絆』二〇〇〇年（有斐閣）

〈22章〉
椎名悦三郎追悼録刊行会『記録　椎名悦三郎』一九八二年（椎名悦三郎追悼録刊行会）
金東祚『韓日の和解　日韓交渉14年の記録』一九九三年（サイマル出版会）

高崎宗司『検証　日韓会談』一九九六年（岩波出版）
李鐘元・木宮正史・浅野豊美『歴史としての日韓国交正常化　一　東アジア冷戦編』二〇一一年（法政大学出版局）
李鐘元・木宮正史・浅野豊美『歴史としての日韓国交正常化　二　脱植民地化編』二〇一一年（法政大学出版局）

〈23章〉

服部龍二『日中国交正常化』二〇一一年（中公新書）
河原宏・藤井昇三編『日中関係史の基礎知識』一九七四年（有斐閣）
矢島鈞次・小貫範子『報道されなかった中国』一九七八年（高木書房）
大平正芳回想録刊行会編『大平正芳回想録―伝記編』一九八二年（大平正芳回想録刊行会）

切りとり線

★読者のみなさまにお願い

この本をお読みになって、どんな感想をお持ちでしょうか。祥伝社のホームページから書評をお送りいただけたら、ありがたく存じます。今後の企画の参考にさせていただきます。また、次ページの原稿用紙を切り取り、左記まで郵送していただいても結構です。

お寄せいただいた書評は、ご了解のうえ新聞・雑誌などを通じて紹介させていただくこともあります。採用の場合は、特製図書カードを差しあげます。

なお、ご記入いただいたお名前、ご住所、ご連絡先等は、書評紹介の事前了解、謝礼のお届け以外の目的で利用することはありません。また、それらの情報を6カ月を越えて保管することもありません。

〒101-8701（お手紙は郵便番号だけで届きます）
祥伝社新書編集部
電話03（3265）2310
祥伝社ホームページ　http://www.shodensha.co.jp/bookreview/

★本書の購買動機（新聞名か雑誌名、あるいは○をつけてください）

＿＿＿新聞の広告を見て	＿＿＿誌の広告を見て	＿＿＿新聞の書評を見て	＿＿＿誌の書評を見て	書店で見かけて	知人のすすめで

★100字書評……条約で読む日本の近現代史

名前

住所

年齢

職業

藤岡信勝　ふじおか・のぶかつ

1943年、北海道生まれ。自由主義史観研究会代表。北海道大学大学院教育学研究科博士課程単位取得。北海道教育大学助教授、東京大学教授、拓殖大学教授を歴任。1997年「新しい歴史教科書をつくる会」の創立に参加、現在同会理事。著書に『汚辱の近現代史』(徳間書店)『「自虐史観」の病理』(文藝春秋)、共著に『教科書が教えない歴史』(扶桑社文庫)『「ザ・レイプ・オブ・南京」の研究』『国境の島を発見した日本人の物語』(ともに祥伝社)など。

条約《じょうやく》で読《よ》む日本《にほん》の近現代史《きんげんだいし》

[編著] 藤岡信勝《ふじおかのぶかつ》
自由主義史観研究会

2014年 8 月10日　初版第 1 刷発行

発行者……………………竹内和芳
発行所……………………祥伝社《しょうでんしゃ》
〒101-8701　東京都千代田区神田神保町3-3
電話　03(3265)2081(販売部)
電話　03(3265)2310(編集部)
電話　03(3265)3622(業務部)
ホームページ　http://www.shodensha.co.jp/

装丁者……………………盛川和洋
印刷所……………………萩原印刷
製本所……………………ナショナル製本

Printed in Japan ISBN978-4-396-11377-3 C0221

祥伝社新書
「世界の中の日本」を考える

ヘンリー・S・ストークス（元「タイムズ」「ニューヨーク・タイムズ」東京支局長）

英国人記者が見た
連合国戦勝史観の虚妄

「日本＝戦争犯罪国家」論を
疑うことのなかったベテラン・ジャーナリストは、
なぜ歴史観を１８０度転換させたのか？

加瀬英明
ヘンリー・S・ストークス（元「ザ・タイムズ」「ニューヨーク・タイムズ」東京支局長）

なぜアメリカは、対日戦争を仕掛けたのか

ペリーがタネを蒔き、そしてマッカーサーが収穫した
ルーズベルトが周到に敷いた開戦へのレール
そうとも知らず和平を願い、独り芝居を演じる日本政府
その教訓から、今日、何を学ぶか？